JN102539

会社別就活ハンドブックシリーズ

2025

大日本印刷の
就活ハンドブック

就職活動研究会 編
JOB HUNTING BOOK

は じ め に

　2021年春の採用から，1953年以来続いてきた，経団連（日本経済団体連合会）の加盟企業を中心にした「就活に関するさまざまな規定事項」の規定が，事実上廃止されました。それまで卒業・修了年度に入る直前の3月以降になり，面接などの選考は6月であったものが，学生と企業の双方が活動を本格化させる時期が大幅にはやまることになりました。この動きは2022年春そして2023年春へと続いております。

　また新型コロナウイルス感染者の増加を受け，新卒採用の活動に対してオンラインによる説明会や選考を導入した企業が急速に増加しました。採用環境が大きく変化したことにより，どのような場面でも対応できる柔軟性，また非接触による仕事の増加により，傾聴力というものが新たに求められるようになりました。

　『会社別就職ハンドブックシリーズ』は，いわゆる「就活生向け人気企業ランキング」を中心に，当社が独自にセレクトした上場している一流・優良企業の就活対策本です。面接で聞かれた質問にはじまり，業界の最新情報，さらには上場企業の株主向け公開情報である有価証券報告書の分析など，企業の多角的な判断・研究材料をふんだんに盛り込みました。加えて，地方の優良といわれている企業もラインナップしています。

　思い込みや憧れだけをもってやみくもに受けるのではなく，必要な情報を収集し，冷静に対象企業を分析し，エントリーシート作成やそれに続く面接試験に臨んでいただければと思います。本書が，その一助となれば幸いです。

　この本を手に取られた方が，志望企業の内定を得て，輝かしい社会人生活のスタートを切っていただけるよう，心より祈念いたします。

就職活動研究会

Contents

第1章

大日本印刷の会社概況

会社によって選考方法は千差万別。面接で問われる内容や採用スケジュールもバラバラだ。採用試験ひとつとってみても，その会社の社風が表れていると言っていいだろう。ここでは募集要項や面接内容について過去の事例を収録している。

また，志望する会社を数字の面からも多角的に研究することを心がけたい。

✔DNP グループ行動規範

■ DNP グループ行動規範

DNP グループ行動規範は、「企業理念」を実現していくあらゆる活動の前提となるもので、これにしたがい、全社員が 高い倫理観にもとづいた誠実な行動をとるように努めています。

1. 社会の発展への貢献
「私たちは、事業を通じて新しい価値を提供することで、社会の発展に貢献します。」

1. 企業市民としての社会貢献
「私たちは、社会とともに生きる良き企業市民として社会との関わりを深め、社会のさまざまな課題解決や文化活動を通じて社会に貢献していきます。」

1. 法令と社会倫理の遵守
「私たちは、法令および社会倫理に基づいて、常に公正かつ公平な態度で、秩序ある自由な競争市場の維持発展に寄与します。」

1. 人類の尊厳と多様性の尊重
「私たちは、人類の尊厳を何よりも大切なものと考え、あらゆる人が固有に持つ文化, 国籍, 信条, 人種, 民族, 言語, 宗教, 性別, 年齢や考え方の多様性を尊重し, 規律ある行動をとります。」

1. 環境保全と持続可能な社会の実現
「私たちは、恵み豊かな地球を次世代に受け渡していくため、持続可能な社会の構築に貢献します。」

1. ユニバーサル社会の実現
「私たちは、あらゆる人が安全で快適に暮らせる社会の実現のため、使いやすい機能的な製品, サービス, システムソリューションの開発, 普及に努め, 多様な人々が暮らしやすいユニバーサル社会の実現に寄与します。」

1. 製品・サービスの安全性と品質の確保
「私たちは、製品・サービスの安全性と品質を確保し、生活者・得意先の満足と信頼の獲得に努めます。」

1. 情報セキュリティの確保
「私たちは、得意先などから預かった情報資産や DNP グループが自ら保有する情報資産（企業機密情報, 個人情報, 知的財産など）を保護するため, 万全なセキュリティの確保に努めます。」

1. 情報の適正な開示
「私たちは、常に自らの事業や行動を多くの関係者に正しく知ってもらうため、適時・適正な情報の開示を積極的に進め、透明性の高い企業をめざします。」

1. 安全で活力ある職場の実現
「私たちは、職場の安全、衛生の維持・向上のために知恵を絞り、常に改善に努めます。また、社員の多様性に配慮した働き方を尊重し、健康で安全な活力ある職場づくりを推進します。」

✔ 会社データ

社長	北島 義斉
本社所在地	東京都新宿区市谷加賀町一丁目1番1号
電話番号	03 (3266) 2111 (大代表)
創業	1876 (明治9) 年10月9日
設立年月日	1894 (明治27) 年1月19日 (登記)
資本金	1,144億64百万円 (2023年3月31日現在)
売上高	1兆3,732億900万円 (連結) 9,280億8,400万円 (単体) (2023年3月31日現在)
従業員数	36,246名 (連結) 10,107名 (単体) (2023年3月31日現在)
主な事業組織	出版イノベーション事業部、情報イノベーション事業部、イメージングコミュニケーション事業部、Lifeデザイン事業部、生活空間事業部、モビリティ事業部、高機能マテリアル事業部、ファインデバイス事業部、オプトエレクトロニクス事業部、コンテンツコミュニケーション本部、教育ビジネス本部、メディカルヘルスケア本部、ICC本部、左内町営業部、ABセンター

✔ 仕事内容

出版ソリューション

雑誌や書籍の印刷・製本のほか、デジタルコンテンツの企画・制作から、流通・販売まで幅広く手掛けています。紙の書籍と電子書籍、リアル書店とネット書店を連動させることで、読書の新しいスタイルを提案し、生活者の知を支える出版文化の可能性を拡げています。

マーケティングコミュニケーション

さまざまなデータの収集・分析・活用を行うデジタルマーケティングと実績のある施策とを掛け合わせることで、さらに生活者の感動体験と利便性向上につながる、新しい価値を提供しています。さまざまな企業の製品、サービスのコンセプト設計、開発から、Web サイトやアプリ開発、イベントや店頭キャンペーンの実施、店舗やショールームなどの空間開発など、あらゆる場面で、企業と生活者とのコミュニケーションを活性化するサービスを展開しています。

情報セキュリティ・BPO

高度なデータ処理技術とセキュリティ環境を活かし、ビジネスフォームや金券、ホログラムなどの企画・製造から、そこで新たに開発されたさまざまな認証技術を活かして、金融機関や流通小売をはじめ、今やあらゆる企業で急速にニーズが高まるセキュリティサービスを展開しています。セキュリティ対策のためのコンサルティングから、さまざまな IoT 製品・サービスや認証用カードの開発・製造など、企業や生活者の大切な情報を保護し、安全・安心、便利に暮らせる社会づくりに貢献していきます。

イメージングコミュニケーション

フォトプリントやバーコードプリントなどに使われる製品を幅広くグローバルに展開しています。利便性・安全性を高める価値や感動的な体験価値を提供し、生活者のコミュニケーションが拡がる未来をつくり出していきます。

包装

保存性や耐久性に優れ、誰でも使いやすく、環境に配慮した高品質・高機能な
パッケージを食品や日用品、医薬品などの用途でグローバルに展開しています。

生活空間

環境や健康に配慮した機能と、感性に響くデザインを通し、住宅やオフィス・
商業施設、自動車・鉄道車両などあらゆる生活空間に新たな価値を提案します。

産業資材

クリーンエネルギー市場の拡大に対応し、リチウムイオン電池用バッテリーパ
ウチや太陽電池用部材、光や熱をコントロールする高機能フィルムなど、さま
ざまな製品・サービスを開発・提供します。

ディスプレイ関連製品・電子デバイス

スマートフォンやタブレット端末、テレビやパソコンといった情報機器の進化
に対応し、最先端の技術を活かした、高機能かつ小型・軽量で使いやすい製品
の開発に取り組んでいます。

✔ 先輩社員の声

出版業界という変化の最先端で、自らの手で新しい価値を生み出す

【出版ソリューション／2017年入社】
「対話と協働」によって新たな価値を生み出す

出版イノベーション事業部は、生活者の「知」を支える出版文化の継続的な発展に貢献することをミッションとしています。本の製造はもちろん、市場分析から企画・流通・販売までを一貫して担っており、グループ全体の強みを掛け合わせる「オールDNP」を推進して、関係する全員が部門の垣根なくシナジーを発揮できるようにしています。また、出版社と構築してきた良好な関係を活かして、オンラインとオフライン双方の共創ビジネスや、多様な企業とのコラボレーションによる新たな価値づくり・新規事業開発にも積極的に取り組んでいます。

就職活動当初は「印刷業界」を全く検討していませんでしたが、Webサイトや説明会を通じて、DNPの事業領域の幅広さに興味を持ち、「形に残るモノをつくり上げ、世に送り出す」という仕事ができると感じました。また、DNPが行動指針に掲げて大切にしている「対話と協働」という文化にも共感し、DNPなら事業領域の広さや技術を活かして、新しい価値をつくることに挑戦できると感じ、入社を決めました。

自ら事業を生み出し、もっと社会を面白く

私は入社後6年間、出版社の営業担当として漫画の雑誌や単行本の販売企画立案・提案などを経験したのち、現在は企画部門に所属し、漫画×グローバルをテーマに活動しています。DNPは「MANGA CREATIVE WORKS®」という独自の漫画制作スタジオを立ち上げて、社内外のパートナーと一緒に日本の漫画を世界中へ広める活動をしており、その一環として、スマートフォンの画面で読みやすい"縦スクロール漫画"の創作・制作に取り組んでいます。

それと同時に、漫画編集部担当の経験と、現部署である「グローバル」の視野をかけ合わせ、縦スクロール漫画や紙の単行本、電子配信などを通じて海外に向けて日本の漫画の魅力をもっと伝えられるような、新規事業の企画にも従事しています。

漫画コンテンツが持つ新たな可能性を切り拓くことや、生活者にとっての新たな体験価値を生み出すことに挑戦できています。自分にとってすごく身近なところで、「顧客体験を変えていける」「あたりまえをつくる」ということを実感できる仕事です。

出版業界は今、変化の真っ只中にあります。私がいる事業部は「新しい価値を生み出す」という気風で満ちていて、「どんどん失敗しよう！」というくらい、「挑戦」を歓迎する風土があります。また、若手が運営する勉強会や事業部門の壁を越えた共有会があり、「対話や協働」が至るところで生まれていて、日々学びや刺激を得ることができています。入社前に想像していた以上に、一人ひとりの「挑戦」を支えてくれる環境で、仕事ができることに大きなやりがいを感じています。

楽しみながらつくる企画で
生活者に新しい価値を

【マーケティングコミュニケーション／ 2017 年入社】
一つとして同じ仕事がなかった

情報イノベーション事業部のマーケティングコミュニケーション分野で、企業のブランディング関連の仕事をしています。一口に"企業のブランディング"といっても多種多様なステークホルダーがいますので、各社の目的やターゲット顧客に応じて、さまざまな企画をまとめて、提案してきました。具体的には、社名自体の開発やシンボルマークの開発、企業理念の策定・浸透施策、CM をはじめとする広告ツールの制作、リクルーティング関連施策、周年事業のコンサルティングなどを中心に行っています。学生時代は 1,000 人規模のイベントの企画・運営をしたり、ベンチャー企業の職場でオウンドメディアの運営をしたりしていました。「新しいこと」に興味があるので、幅広く事業を展開している DNP であれば、多くの業種の方と出会うことができ、それを通して常に「新しい発見」ができることに惹かれ、入社を決めました。

プロジェクトマネージャーとして 5 年間仕事をしていますが、ブランディング関連の仕事は一つとして同じものがありませんでした。最もやりがいを感じるのは、私が手がけた企画やデザインが世に出て、担当した企業や商品が狙い通りに生活者の注目を浴びて、人々の印象に残った時。チームのみんなで「大変だったけど、よかったね」と喜び合える仕事です。

CX につながる総合的な課題解決を

広告・宣伝というと広告代理店の仕事と思われるかもしれませんが、DNP が開発するソリューションと、その裏付けとなる技術・ノウハウは多岐にわたるため、いわゆる広告・宣伝という枠に収まらずに、本当にさまざまな課題を解決できます。顧客企業からも、映像や印刷物等のクリエイティブの企画・制作以外に、例えば「AI を活用したオペレーション改革」などについても相談を受けることがあります。

こうした多様なテーマに対しても、常に大事にすべきなのは「CX（顧客体験価値）」の向上。広告・宣伝の仕事を入り口にしながらも、多様なサービスのシステム開発や実際の運用、フィードバックなどまで、生活者の多様な体験の全体を豊かにする"総合的な課題解決"を行えることがこの仕事の醍醐味であり、DNP の強みです。

正直、難しい仕事ではありますが、だからこそ成長意欲を掻き立てられるので、自分には向いていると思っています。プロジェクトマネージャーとして心がけていることは、「自らが楽しむ」ということ。プロジェクトに、企画に、デザインに、まず自分がワクワクして取り組み、その想いをクライアントや社内にも伝播させていく。チーム全体で共有したその魅力が、最終的に生活者の方に喜ばれる価値につながると信じて、仕事をしています。

想いをカタチにして
多くの人に届けたい

【情報セキュリティ・BPO ／ 2018年入社】
誰も気づかないようなニーズを発掘し、応えていく

情報イノベーション事業部の情報セキュリティ・BPO（Business Process Outsourcing）分野では、DNPが保有しているあらゆる技術・情報・経験を掛け合わせ、生活者と企業を最適な形でつなぎ、双方に新しい価値を届ける事業を展開しています。特定の顧客企業や業界に限定せず、現在の、そして未来の社会課題の解決に挑むプロジェクトも、次々と生まれています。

私は幼い頃、手作りのプレゼントをよく家族や友人に贈っていました。「ありがとう」と喜んでくれることがとても嬉しく、次は何に挑戦しようかと想いを巡らせていたものです。それが原体験となり、自分が考え、生み出したもので、その先の誰かを笑顔にできるような仕事がしたいと思いながら就職活動をしていました。DNPであれば、会社の持つさまざまな強みの掛け合わせを通じて、「想いをカタチにして多くの人に届けたい」という私のイメージを実現できると思い、入社を決めました。

私は今、生活者が「より便利に、より自分らしく」暮らすためのサービス企画や、まだ多くの企業が気づいていない生活者のニーズを発掘し、それに応える施策の立案を担当しています。

失敗を恐れずに挑戦できる環境がある

通信キャリアや製薬会社などの企業の課題に触れ、その解決に向けたプロジェクトを進めていくなかで心がけているのは、「顧客企業の、その先にいる生活者に深く共感すること」。その時、ターゲットとなる生活者が大事にしているものは何か、深層にある課題は何か、そこで本当に求められている価値とは何かを掘り起こしていく。そしてそれを実現するための価値を、どんなタイミングで、どんなカタチにして届けるべきか、提案する相手に伝わるように「企画」として表現し、実行していく。DNPには実現できることがたくさんあり、扱う技術やサービスが毎回違うからこそ、学びも多いのです。

既に在るものの代替ではなく、今までにない、新しい価値を生み出したいと考える人が集まっているのがDNPです。私自身、知らないモノに出会ったら、まずは調べてみる、試してみる、行ってみるという姿勢を大切にしています。DNPには失敗を恐れずに挑戦できる環境があるので、行動力を活かしながら、楽しく仕事ができています。

✔ 募集要項

掲載している情報は過去ものです。
最新の情報は各企業のHP等を確認してください。

応募資格	・国内または海外の大学、大学院、高等専門学校（本科・専攻科）を2025年3月までに卒業見込または修了見込の方 ・既に卒業・修了された方で、新規卒業予定者と同等の枠組みでの採用を希望される方 （就労経験の有無は問いません）
募集職種	事務系総合職：営業、企画、コーポレートスタッフ など 技術系総合職：研究開発、製品・プロセス開発、システム開発 など デザイン系総合職：クリエイター、ディレクター など
勤務地	事務系総合職：東京、埼玉、大阪、北海道、宮城、愛知、福岡 ほか 技術系総合職：東京、福島、茨城、埼玉、千葉、神奈川、京都、大阪、岡山、広島、福岡 ほか デザイン系総合職：東京、埼玉、大阪、北海道、宮城、愛知、岡山、福岡 ほか
採用学部学科	不問 ※デザイン系総合職に関しては、国内または海外の美術系の大学、大学院、または大学の美術系学部・学科・専攻の方
初任給	【大都市圏】 大卒・高専（専攻科）卒 235,000円／修士了 255,000円／高専（本科）卒 209,000円 （2023年度、キャリア自律支援金5,000円含む） 【大都市圏以外】 大卒・高専（専攻科）卒 230,000円／修士了 250,000円／高専（本科）卒 204,000円 （2023年度、キャリア自律支援金5,000円含む）
諸手当	所定外勤務手当、公的資格手当 など
交通費	全額支給
昇給	年1回（4月）
賞与	年2回（6，12月）

社会保険	健康，厚生，雇用，労災
勤務時間	フレックス勤務制（コアタイムなし）
休日	完全週休2日制（土・日）、祝祭日、社休日（5月1日、6月16日）、夏期休暇、年末年始休暇 ほか（2023年度休日数127日）
有給休暇	初年10日、5年目16日、最高20日
研修・自己啓発支援	導入教育、職種別専門教育、階層別専門教育、自己啓発通信教育制度、資格取得奨励制度 ほか
福利厚生制度	企業年金、個人積立年金、提携住宅資金融資、従業員持株会、共済会、財形貯蓄（補助制度あり）、各種団体保険（生保・損保）制度、ジョブ・リターン制度 など
リゾート施設	国内2か所（箱根、塩原）、その他契約・提携施設あり
スポーツ施設	体育館、温水プール、フィットネスクラブ、運動場、テニスコート、その他契約施設あり
医療施設	診療所（全国14か所）
各種相談室	相談室（住宅・法律・財務その他）、ライフプラン相談室、キャリア相談室、電話健康相談サービス、メンタルヘルスカウンセリング、栄養・運動相談室、介護相談サービス

✔ 採用の流れ （出典：東洋経済新報社『就職四季報』）

エントリーの時期	【総・技】12月〜継続中
採用プロセス	【総】ES提出（12月〜）→Webテスト（適正，12月〜）→GD（1〜2月）→面接（複数回, 2月）→内々定（6月〜） 【技】ES提出（12月〜）→Webテスト（適正，12月〜）→面接（複数回, 2月）→内々定（6月〜）

採用実績数		大卒男	大卒女	修士男	修士女
	2022年	39 （文：36 理：3）	40 （文：36 理：4）	59 （文：0 理：59）	21 （文：1 理：20）
	2023年	45 （文：33 理：12）	44 （文：36 理：8）	65 （文：1 理：64）	23 （文：1 理：22）

採用実績校	【文系】 早稲田大学，明治大学，中央大学，上智大学，学習院大学，青山学院大学，立教大学　他 【理系】 東京工業大学，東京大学，東京農工大学，東京理科大学，大阪公立大学　他

✔2023年の重要ニュース （出典：日本経済新聞）

■大日本印刷「縦読み漫画」参入　AI翻訳や短編アニメ化も（2/8）

　大日本印刷（DNP）はスマートフォン向けの縦読み漫画アプリに参入する。2月下旬にサービスを始め、先行するカカオピッコマ（東京・港）などを追う。電子漫画市場は毎年2桁成長を続けてきたが、国内出版社に加えてグリーなど異業種も制作を手掛けるなどすでに成熟しつつある。人工知能（AI）翻訳による海外展開や短編アニメ化など差異化が課題となる。

　スマホで人気の縦読み漫画は「ウェブトゥーン（WT）」と呼ばれる。ピッコマなど韓国勢が先行し、電子漫画市場で急速に存在感を増している。

　右から左にコマを追う従来の読み方と違い、コマを上下に並べて画面を縦にスクロールして読む。文字数は少なめで短時間で読めるようにし、フルカラーの作品が多く初心者にもなじみやすい。通勤・通学などの隙間時間にスマホでコンテンツを楽しむニーズを取り込んでいる。

　DNPが始める漫画アプリ「ホンコミ」はWT作品を充実させる。出版社や制作会社など30〜40社と連携し、200〜300作品のWTを用意する。従来の横読み漫画も含めると作品数は当初1000以上で、2025年にも連携先を増やして1万作品を計画する。

　DNPは紙と電子の本を販売するサイト「honto」を運営する。ホンコミで電子漫画を読むとhontoで使えるクーポンをもらえたり、傘下の丸善ジュンク堂書店などで本を買うとホンコミで使えるコインを獲得できたりする販促での連携を想定する。将来的には800万人弱のhontoの利用データをもとにホンコミで利用者の好みにあった作品を勧めることも検討する。

■大日本印刷、学習漫画に映像版　電子図書館へ販売（8/30）

　大日本印刷（DNP）は自治体や学校が運営する電子図書館向けに、映像化した学習漫画を販売する。制作にかかる時間と価格を抑えた「即席アニメ」の手法を活用し、第1弾として日本史の学習漫画の映像版を作成した。まだ電子図書館では少ない動画コンテンツを充実し、学習方法の選択肢を広げる。

　DNPは従来よりも時間をかけずに低価格で作れる即席アニメを「ライトアニメ」と名付けて、2022年から電子書籍販売サイト「honto」などで展開している。一般的なアニメは、アニメ用に絵を描き直すのに対し、ライトアニメは漫画の絵をそのまま活用する。既存の絵に表情などに限定した動作や音声、色などを加え

るだけで完成することができ、制作の手間を大幅に減らせる。

電子図書館向け映像コンテンツの第1弾として、朝日新聞出版が発行する日本史の学習漫画6作品の映像版を制作した。DNPグループで電子図書館向けサービスなどを手掛ける図書館流通センター（TRC）と連携し、6月下旬に発売した。

映像の基となる漫画は聖徳太子や津田梅子など、歴史上の人物をそれぞれ24ページにわたって紹介している。これを10〜20分の映像コンテンツにした。

従来のライトアニメの手法をそのまま踏襲するのではなく、学習漫画に合った表現を意識した。例えば、映像の冒頭は見る人を引き付けるために、豊かな動きや色彩表現で歴史上の人物名を紹介する。その後の本編では、せりふや説明をあえて完全に音声化せずに文字で表現し、漢字も学べるようにした。DNPの担当者は本編について「紙芝居に近いイメージ」と話す。

基本的にはDNPが版元や著者と相談しながら制作を受託するビジネスとして展開する。主に中小の出版社などの利用を想定する。10〜20分の映像であれば契約完了から1〜2カ月で供給できる。1コンテンツ当たり約50万円からで請け負う。映像作品の販売価格は1ライセンス当たり年間約2万円。

■大日本印刷、3ナノ半導体の回路原版開発（12/11）

大日本印刷（DNP）は最先端半導体の回路形成に使う原版「フォトマスク」を開発した。回路線幅が3ナノ（ナノは10億分の1）メートル品と呼ぶ半導体に対応する。3ナノ品の半導体は台湾と韓国の2社のみが量産し、フォトマスクも内製している。まず半導体製造装置メーカーや材料メーカーに研究用として供給する。

フォトマスクは半導体の基板となるシリコンウエハーに回路を形成する露光工程で使う。露光は半導体製造の要となる工程で回路の形状が書かれたフォトマスクを通してウエハーに特殊な光を照射し、回路を焼き込む。

DNPは顧客企業などから受け取った半導体の設計図を基に、フォトマスクに回路を描いて販売する。3ナノ品の回路は5ナノ品と比べ形状や線幅が異なる曲線パターンが多い。DNPは設計データを描画に適した形に補正する技術などを改良して3ナノ品に対応したフォトマスクを開発した。

当面は半導体製造装置や材料などを手掛ける企業の研究開発用としての需要を見込む。将来は半導体メーカーへの販売も目指す。

✔2022年の重要ニュース (出典：日本経済新聞)

■大日本印刷、メタバースでアキバ開発　海外ファンつかむ（4/28）

　大日本印刷（DNP）は仮想現実（VR）や拡張現実（AR）などを活用し、秋葉原の街並みを再現した。仮想空間内で音楽ライブやイラスト展を開催して国内外の「アキバファン」を呼び込む。印刷需要が縮小するなか、これまで培ってきた色や質感などの知見を応用してメタバース市場の開拓を進める。

　秋葉原の事業者らで構成されたAKIBA観光協議会と連携し、4月1日にオープンした。ユーザーはパソコン用アプリやVRゴーグル、ウェブブラウザーなどを通じてアクセスできる。パソコンより解像度は落ちるが、スマートフォンアプリにも対応する。

　メタバース内では、中央通りの万世橋から神田明神下交差点までのエリアや、神田明神などを自由に動き回れる。現実をベースにサイバーな街並みを演出した。イラストレーターの作品展や音楽ライブを開催する。ショップでの買い物や、チャット機能による他ユーザーとの交流も楽しめる。

　アキバは外国人からの人気が高く、DNPは海外からの集客に期待する。新型コロナウイルス下でも、メタバースなら世界中からアクセスが可能だ。浅羽信行・常務執行役員は「将来的にはユーザー比率を海外8割、国内2割にしたい」と意気込む。

■DNP、25年までに50地域のDX支援　インフラ整備参画（6/24）

　大日本印刷（DNP）は24日、2025年までに全国30～50地域でデジタル技術を活用したインフラ整備事業への参画を目指すと発表した。マーケティングやあらゆるモノがネットにつながるIoTの知見を生かし、デジタル観光マップを使った地域振興や人工知能（AI）によるタクシー配車の実証実験などに取り組む。国がデジタル化で地方創生を促す「デジタル田園都市国家構想」を後押しする。

　DNPは「三重広域連携スーパーシティ構想」に参画する30社以上の代表企業として、高齢化が進む三重県多気町などの地域デジタルトランスフォーメーション（DX）を手掛ける。ワゴン車が高齢者の自宅付近まで出向き、車内で診察や保健指導を受けられる「医療MaaS（マース）」などで持続可能な街づくりを支援する。

■大日本印刷が即席アニメ、制作費9割減で隙間時間狙う（9/6）

　大日本印刷（DNP）が「即席アニメ」に参入する。動きは表情などに限定し、制作時間やコストをテレビ向けアニメと比べて9割削減する。動画共有アプリ「TikTok（ティックトック）」などでショート動画の人気が高まるなか、1話の長さを10分程度と短くして通勤・通学など隙間時間での視聴を狙う。2022年度中にサービスを始め、動画コンテンツの旺盛な需要に応える。

　DNPは社外パートナーと連携したアニメの制作体制を4月に発足させた。動画制作会社や音楽制作会社、声優プロダクションなど十数社が参加する。参加企業が共同制作するのが、漫画を原作とした即席アニメだ。

　「ライトアニメ」と名付け、現時点で原作を持つ出版社5〜6社からの受注を見込む。25年度には30社以上に増やしたい考えだ。8月から、エリート男性会社員同士の恋愛を描いたBL（ボーイズラブ）系作品「どっちもどっち」（海王社）の電子漫画に、特典として即席アニメを付ける取り組みを始めた。

　従来のアニメ制作では一般的に、漫画の原作がある作品でもアニメ用にゼロから作画していた。DNPなどが新たに手掛けるのは、いわば「漫画をそのまま動かす」アニメだ。漫画からせりふの吹き出しなどアニメに不要な要素を取り除き、キャラクターなどを抜き出して動きと色、音声を付ける。

　動きを付ける部分は、キャラクターの表情や身ぶり手ぶりなど最小限にとどめ、動きを付けるためのコマ数も減らす。せりふは従来通り声優がふき込むが、1話の長さはテレビ向けの20分強ではなく10分程度に短縮する。

　こうした省力化でアニメの制作時間やコストを9割削減することを目指す。通常、アニメの1シーズンは1〜12話程度。即席アニメでは2カ月以内に12話程度を制作できる。1話あたりの制作コストは100万円程度を見込む。

　DNPは即席アニメを22年度内に定額制の動画配信サービスに供給することを目指している。今年度中に60話程度を制作し、24年度には少なくとも年間500話を制作できる体制をつくる。25年度までに参加企業を50社に拡充し、事業売上高を30億円に伸ばしたい考えだ。将来的には独自の即席アニメの制作や海外展開も視野に入れている。

　動画制作会社などがDNPと同じサービスを手掛けるのは技術的には可能だ。ただ原作を確保するのが難しく、事業化のハードルは高い。DNPは100年以上紙の印刷を手掛けており出版社とのつながりは強い。「出版社から大切な原作を預けてもらえる」と担当の端山徹也氏は期待する。

✔2021年の重要ニュース (出典:日本経済新聞)

■大日本印刷、5Gスマホを冷ます極薄放熱部品（1/24）

　大日本印刷は23日、0.25ミリ厚の放熱部品「ベーパーチャンバー」を開発したと発表した。既存のベーパーチャンバーに比べて、3割薄くしたとする。

　ベーパーチャンバーは、平板状の金属板を貼り合わせた中空構造の放熱部品。中空部分に純水などの液体を封入し、この液体が蒸発と凝縮を繰り返しながら熱を運ぶことで、集積回路（IC）などを放熱させる。

　今回の開発品は次世代通信規格「5G」のスマートフォンの放熱部品として売り込む。放熱部品の薄型化で空いたスペースを電池の大容量化に充てられるとする。同社は今秋までに今回開発したベーパーチャンバーの量産を開始し、さらに薄い0.20ミリ厚の製品開発を行う。2025年度に放熱部品事業で年間200億円の売り上げを目指す。

■大日本印刷、小学校テストをAIで自動集計（3/14）

　大日本印刷（DNP）は人工知能（AI）を活用して小学校で実施している評価テストを自動で集計し、ビッグデータとして解析するサービスを開発した。教員支援システムの主要機能として提案し、今夏をめどに地方自治体などからの受注をめざす。政府が掲げるICT（情報通信技術）を活用した教育の推進を目指す「GIGAスクール構想」を受けて、教師の業務負担を軽減できるとして、学校現場の需要を取り込む。

　教員支援システム「リアテンダント」に、小学校の評価テストをAIが自動集計する機能を追加した。評価テストは小学校の通知表作成の材料となるテストで、全国の8割の小学校で各教科の単元や期末ごとに実施されている。

　これまで教員は児童全員の解答用紙を採点し、集計したテスト結果を手作業で一度紙に転記した上で、エクセルなどに入力するのが一般的だった。DNPによると、1回のテストの集計や入力作業だけで約20分がかかり、教員1人が一連の採点業務に費やしている時間は年間1400分に上るという。

　「リアテンダント」は、教員が手作業で採点したテスト用紙をスキャンすると自動的に正誤や部分点などの採点結果を認識し、データ化される。蓄積したデータはグラフ化され、個々の児童の傾向分析やクラス間の成績を比較できる。

　個人の不得意分野に合わせた個別の学習教材などの作成までを一貫して支援することもできる。今回、AIを活用した自動集計のサービスを小学校向けに展開す

ることで利便性を一段と高めた。DNP が 2 月に政令指定都市など 7 自治体で実証したところ、採点関連の業務時間を最大 85％削減できたという。得られたデータを活用し、児童に合わせた復習問題や教材の作成にもつながっているという。同社は今夏をめどにサービス展開を始める予定だ。

■大日本印刷、JTB 系を子会社化（4/1）

　大日本印刷（DNP）は 1 日、JTB 傘下で観光の販促事業を手がける JTB プランニングネットワーク（東京・品川）を子会社化したと発表した。同社の株式の95％を取得し「DNP プランニングネットワーク」に改称。新会社は販促事業のほかに旅行業務のデジタル化を進める。JTB グループがもつ旅行業のノウハウを活用し、観光事業を拡大する。

　DNP は JTB プランニングネットワークを子会社化し、DNP プランニングネットワーク（東京・品川）を新たに設立した。旅行の販促事業に DNP がもつデジタルマーケティングを活用し、デジタル技術を使って企業を変革する「デジタルトランスフォーメーション」（DX）を進める方針だ。

　JTB プランニングネットワークは旅行用のパンフレットやカタログの制作、キャンペーンの企画などを展開してきた。旅行大手の JTB グループの子会社で旅行・観光分野のネットワークを持つ。

　DNP は観光事業を成長領域の一つと位置づけ、自治体と連携してイベントや展示会の運営などをしてきた。今後、JTB がもつ旅行業のノウハウを活用し観光事業を強化する。

■大日本印刷、IT セキュリティー企業と資本業務提携（9/25）

　大日本印刷（DNP）は、IT（情報技術）セキュリティーのコンサルティングを手掛けるブロードバンドセキュリティ（BBSec）と資本業務提携したと発表した。新型コロナウイルス感染拡大によってオンラインサービスの利用が広がっている。出資により、ネットセキュリティー上のリスクに対応した新サービスを共同開発する。

　DNP が BBSec の株式を取得した。取得額は非公表。DNP は BBSec がセキュリティーサービス提供前後の診断や監視の技術に強みがあると判断した。

　両社の技術を組み合わせ、ネットワークの脆弱性診断事業などを強化する。国内外のセキュリティー対策に関する製品やサービスを調査する「セキュリティ・ラボ」を共同で開設し、顧客に情報提供する。事業がうまくいけば、資本業務提携の強化も検討する。

✔ 就活生情報

終始和やかだった面接，一次面接が最も大事だと感じました

技術系総合職 2021卒

エントリーシート

・形式：採用ホームページから記入
・内容：研究テーマ，研究内容，趣味・特技，資格，企業選択で重視するポイント・理由，研究以外の取り組み，サークルなどの活動，大日本印刷を知ったきっかけ，志望理由，自分自身を売り込むキャッチフレーズとその理由，論文の掲載時期・ジャーナルのタイトル

セミナー

・選考とは無関係
・服装：リクルートスーツ
・内容：社員との座談会や逆質問，事業説明

筆記試験

・形式：Webテスト
・科目：数学，算数/国語，漢字/性格テスト

面接（個人・集団）

・雰囲気：和やか
・回数：3回
・質問内容：一次面接は技術面談，学生時代の取り組みを含め幅広い質問内容だった
二次面接は役員面談，雑談のような感じで人柄を見られたような気がする
三次面接は採用担当者がこれまでの面接のフィードバックをした

内定

・拘束や指示：特になし
・通知方法：メール

自己分析と志望動機はどこを受けても重要。志望動機は自分の就活の軸と絡めて書くと，取り組みやすいと思います

技術系総合職 2020卒

エントリーシート

- 形式：Webエントリーシートとマイアピールシート
- 内容：Webエントリーシートは志望動機，就活の軸3つ，やりたいこと，自己PRなど。マイアピールシートは研究内容

セミナー

- 選考とは無関係
- 服装：リクルートスーツ
- 内容：人事の会社説明会，若手社員と懇談会

筆記試験

- 形式：Webテスト
- 科目：英語/数学，算数/国語，漢字/性格テスト

面接（個人・集団）

- 雰囲気：和やか
- 回数：2回
- 質問内容：エントリーシートに沿った内容，研究内容について，志望理由

内定

- 通知方法：大学就職課

▶ その他受験者からのアドバイス

- 技術面接では研究内容，自己PR，志望動機，やりたいことなどを聞かれた。45分間
- 役員面接では研究内容，やりたいこと，趣味などを聞かれた。15分と短い時間なのですぐに終わってしまう

インターンやSPIの勉強はもちろん大事ですが，誰にも負けない経験を重ね，自らの付加価値を高めることのほうが有意義だと感じました

事務系総合職 2020卒

エントリーシート

・形式：採用ホームページから記入
・内容：主な質問は研究内容，DNPを志望する理由，学生時代に最も力を入れて取り組んできたこと

セミナー

・選考とは無関係　服装：リクルートスーツ
・内容：大学で行われた合同説明会に参加した。30分ほどで事業ないよや会社の目指していることについて説明された

筆記試験

・形式：Webテスト
・科目：英語，数学，算数／国語，漢字／性格テスト

面接（個人・集団）

・質問内容：1次面接ではひたすら学生時代に力を入れたことについて深堀りされる。質問に対して柔軟に反応する対応力が求められるように思える。
・最終面接は役員と人事役員と各々話す。エントリーシートの内容に沿って雑談形式。DNPを知ったきっかけや趣味などについて聞かれた

グループディスカッション

・内容：始めに個人ワークとして資料に示された4つの事業に対して実現の順序を考え，1分で理由と共に発表する。その後チームで最優先の事業を1つに絞り社員へ発表する。発表後には社員から軽いフィードバックと質疑応答あり

● その他受験者からのアドバイス

・OB訪問やインターンの参加は必ずしも必要ではない。自分がどういった人間であるのかを，少ない選考の中で誤解なく会社に伝えることと，主体性・積極性をアピールするといい
・DNPプラザはアニメセンターの企画展に加え，大日本印刷の技術力を生かしたサービスや展示物もあり，企業研究になるのでおすすめする

どこの企業を受けても重要なのは，自己分析と志望動機。自己分析をしっかりと行い，自分をアピールできるといいと思います

技術職（学校推薦） 2019卒

エントリーシート

・形式：採用ホームページから記入
・内容：WEBエントリーシートとマイアピールシート，WEBエントリーシートは志望動機，就活の軸3つ，やりたいこと，自己PRなど，マイアピールシートは研究内容

セミナー

・選考とは無関係
・服装：リクルートスーツ
・内容：人事の方の会社説明会，若手社員の方と懇談会

筆記試験

・形式：Webテスト
・科目：英語／数学，算数／国語，漢字／性格テスト

面接（個人・集団）

・雰囲気：和やか
・回数：2回
・質問内容：技術面接では研究内容，自己PR，志望動機，やりたいことなど。役員面接では研究内容，やりたいこと，趣味などを聞かれた

内定

・通知方法：大学就職課

● その他受験者からのアドバイス

・志望動機は自分の就活の軸と絡めて書くと，書きやすいかもしれない。面接時に入社したいという熱意を伝えられるといいかもしれません

DNPプラザは企業研究にもなるので，一度訪れてみることとおすすめします

事務系 2019卒

エントリーシート

・形式：採用ホームページから記入
・内容：DNPを志望する理由，大学時代に最も力を入れて取り組んできたこと等

セミナー

・選考とは無関係　服装：リクルートスーツ
・内容：印刷技術を活かした幅広い商材があること。また，大日本印刷が普段身の回りのどういったモノに関わっているのか説明

筆記試験

・形式：Webテスト
・科目：英語／数学，算数／国語，漢字／性格テスト
・内容：GAB形式の家で受けるWebテストでした

面接（個人・集団）

・雰囲気：和やか　回数：2回
・質問内容：大学時代に力をいれたことは，幼少の頃，海外から帰国した時に苦労したことはあるか，大日本印刷に対する志望理由は　等

グループディスカッション

・テーマ：日本の地方創生を促すにはどうしたらいいか？

内定

・拘束や指示：特になし
・通知方法：採用HPのマイページ

● その他受験者からのアドバイス

・役員面接の通知は若干遅い

鋭い切り込みもありましたが，全体を通して和やかでした。しっかり自己分析していけば大丈夫です

総合職営業系 2018卒

エントリーシート

・形式：採用ホームページから記入
・内容：志望理由. 学生時代頑張ったこと

セミナー

・選考とは無関係
・服装：リクルートスーツ
・内容：社員との座談会や逆質問，事業説明

筆記試験

・形式：Webテスト
・科目：英語／数学，算数／国語，漢字／性格テスト
・内容：難易度高め。個人的には，壊滅的な結果でなければそこまで重視していないように思う

面接（個人・集団）

・雰囲気：和やか
・質問内容：一次面接・学生時代に頑張ったこと（ひたすら深掘り。5つは用意していった方が良い）・逆質問・最後にアピールしておきたいこと

内定

・拘束や指示：拘束は全くなかった。最終面接通過者の面談で，返事はいつでも良いと言われた
・通知方法：採用HPのマイページ
・タイミング：予定より早かった

▶ その他受験者からのアドバイス

・交通費が最初から出た
・連絡が早い
・一貫して社員の方々が丁寧だった

内定が出なくても焦らずに，自分が行きたい企業に
焦点を当てて，企業研究を深めることが大切です

総合職技術系 2018卒

エントリーシート

・形式：採用ホームページから記入
・内容：研究内容，志望理由，「誰にも負けない」と自負していること

セミナー

・選考とは無関係
・服装：リクルートスーツ
・内容：分野紹介，社員の紹介，社員との座談会

筆記試験

・形式：Webテスト
・科目：数学，算数／国語，漢字／性格テスト

面接（個人・集団）

・雰囲気：和やか
・回数：2回
・質問内容：志望理由，研究内容，研究テーマを選んだ理由，希望分野

内定

・通知方法：電話

● その他受験者からのアドバイス

・人事の方が丁寧に対応してくれていい印象を抱いた
・また面接前に雑談を交えて緊張をほぐしてくれた

今までどういう経験をしてきて，将来どういうことがしたいのか，一貫性を持たせること重要です

総合職技術系 2018卒

エントリーシート

・ 形式：サイトからダウンロードした用紙に手で記入
・ 内容：研究について，自己PR，取り組みたい分野，企業選択で重視しているポイントなど。研究の欄が大きいのでしっかり書き込むのが重要

セミナー

・ 選考とは無関係
・ 服装：リクルートスーツ
・ 内容：企業説明と社員との座談会，現在行っている事業について。実際にどういう仕事をしているのかがわかったので参加してよかった

筆記試験

・ 形式：Webテスト
・ 科目：数学，算数／国語，漢字／性格テスト

面接（個人・集団）

・ 雰囲気：和やか
・ 回数：2回
・ 質問内容：卒業研究について，自己PR，取り組みたい分野，勤務地の希望，サークル，趣味について

内定

・ 通知方法：電話

● その他受験者からのアドバイス

・ 人事の方が優しい。電話対応も丁寧ですし，控室でも緊張をほぐそうと話しかけてくれました
・ 面接も終始和やかでした

就職活動は早くから動いて，いろいろな企業を見に行っていた人が，うまくいくって感じました。早めの準備は大事ですね

総合職事務系 2017卒

エントリーシート

・形式：ナビサイト（リクナビなど）から記入
・内容：研究内容，志望理由，学生時代に最も力を入れたこと

セミナー

・選考とは無関係
・服装：リクルートスーツ
・内容：座談会形式で，営業と企画の社員の方３名からお話を伺うことができた

筆記試験

・情報なし

面接（個人・集団）

・雰囲気：和やか
・質問内容：学生時代に頑張ったこと，成長したと感じたエピソード，新しいものを作るには何が必要か，単位の取得状況，健康上配慮すべき点があるかなど

内定

・拘束や指示：他社と迷っていると電話で伝えると，３日ほど時間をくれた
・通知方法：電話
・タイミング：予定より早い

● その他受験者からのアドバイス

・通過の連絡が予定より毎回早かった点。
・選考フローがはっきりしていた

企業のHPやIR情報などを見ることは重要だと思います。つらいことが多いと思いますが，最後まで自分の力を信じて頑張って下さい

品質保障 2017卒

エントリーシート

・形式：指定の用紙に手で記入
・内容：自身の基本情報，研究テーマの概要，自己PR，DNPにおいて，どの分野で，どういったことに取り組みたいですかなど

セミナー

・選考とは無関係
・服装：リクルートスーツ
・内容：企業紹介と3人の社員との座談会

筆記試験

・形式：Webテスト
・科目：数学，算数／国語，漢字／性格テスト

面接（個人・集団）

・回数：2回
・質問内容：研究のテーマと概要，入社してからどんなことに取り組みたいか，学生時代で何をやっていたかなど

内定

・通知方法：大学就職課
・タイミング：予定より早い

▶ その他受験者からのアドバイス

・技術面接から内々定通知まで2週間以内だった
・人事や技術者の人がとても話しやすかった

✔ 有価証券報告書の読み方

01 部分的に読み解くことからスタートしよう

「有価証券報告書（以下，有報）」という名前を聞いたことがある人も少なくはないだろう。しかし，実際に中身を見たことがある人は決して多くはないのではないだろうか。有報とは上場企業が年に1度作成する，企業内容に関する開示資料のことをいう。開示項目には決算情報や事業内容について，従業員の状況等について記載されており，誰でも自由に見ることができる。

一般的に有報は，証券会社や銀行の職員，または投資家などがこれを読み込み，その後の戦略を立てるのに活用しているイメージだろう。その認識は間違いではないが，だからといって就活に役に立たないというわけではない。就活を有利に進める上で，お得な情報がふんだんに含まれているのだ。ではどの部分が役に立つのか，実際に解説していく。

■有価証券報告書の開示内容

では実際に，有報の開示内容を見てみよう。

有価証券報告書の開示内容

第一部【企業情報】
    第1　【企業の概況】
    第2　【事業の状況】
    第3　【設備の状況】
    第4　【提出会社の状況】
    第5　【経理の状況】
    第6　【提出会社の株式事務の概要】
    第7　【提出会社の状参考情報】
第二部【提出会社の保証会社等の情報】
    第1　【保証会社情報】
    第2　【保証会社以外の会社の情報】
    第3　【指数等の情報】

有報は記載項目が統一されているため，どの会社に関しても同じ内容で書かれている。このうち就活において必要な情報が記載されているのは，第一部の第1【企業の概況】〜第5【経理の状況】まで，それ以降は無視してしまってかまわない。

02 企業の概況の注目ポイント

第1【企業の概況】には役立つ情報が満載。そんな中，最初に注目したいのは，冒頭に記載されている【主要な経営指標等の推移】の表だ。

回次		第25期	第26期	第27期	第28期	第29期
決算年月		平成24年3月	平成25年3月	平成26年3月	平成27年3月	平成28年3月
営業収益	(百万円)	2,532,173	2,671,822	2,702,916	2,756,165	2,867,199
経常利益	(百万円)	272,182	317,487	332,518	361,977	428,902
親会社株主に帰属する当期純利益	(百万円)	108,737	175,384	199,939	180,397	245,309
包括利益	(百万円)	109,304	197,739	214,632	229,292	217,419
純資産額	(百万円)	1,890,633	2,048,192	2,199,357	2,304,976	2,462,537
総資産額	(百万円)	7,060,409	7,223,204	7,428,303	7,605,690	7,789,762
1株当たり純資産額	(円)	4,738.51	5,135.76	5,529.40	5,818.19	6,232.40
1株当たり当期純利益	(円)	274.89	443.70	506.77	458.95	625.82
潜在株式調整後1株当たり当期純利益	(円)	—	—	—	—	—
自己資本比率	(%)	26.5	28.1	29.4	30.1	31.4
自己資本利益率	(%)	5.9	9.0	9.5	8.1	10.4
株価収益率	(倍)	19.0	17.4	15.0	21.0	15.5
営業活動によるキャッシュ・フロー	(百万円)	558,650	588,529	562,763	622,762	673,109
投資活動によるキャッシュ・フロー	(百万円)	△370,684	△465,951	△474,697	△476,844	△499,575
財務活動によるキャッシュ・フロー	(百万円)	△152,428	△101,151	△91,367	△86,636	△110,265
現金及び現金同等物の期末残高	(百万円)	167,525	189,262	186,057	245,170	307,800
従業員数 [ほか，臨時従業員数]	(人)	71,729 [27,746]	73,017 [27,312]	73,551 [27,736]	73,329 [27,313]	73,053 [26,147]

見慣れない単語が続くが，そう難しく考える必要はない。特に注意してほしいのが，**営業収益**，**経常利益**の二つ。営業収益とはいわゆる**総売上額**のことであり，これが企業の本業を指す。その営業収益から営業費用（営業費（販売費＋一般管理費）＋売上原価）を差し引いたものが**営業利益**となる。会社の業種はなんであれ，モノを顧客に販売した合計値が営業収益であり，その営業収益から人件費や家賃，広告宣伝費などを差し引いたものが営業利益と覚えておこう。対して経常利益は営業利益から本業以外の損益を差し引いたもの。いわゆる金利による収益や不動産収入などがこれにあたり，本業以外でその会社がどの程度の力をもっているかをはかる絶好の指標となる。

■会社のアウトラインを知れる情報が続く。

　この主要な経営指標の推移の表につづいて，「会社の沿革」，「事業の内容」，「関係会社の状況」「従業員の状況」などが記載されている。自分が試験を受ける企業のことを，より深く知っておくにこしたことはない。会社がどのように発展してきたのか，主としている事業はどのようなものがあるのか，従業員数や平均年齢はどれくらいなのか，志望動機などを作成する際に役立ててほしい。

03 事業の状況の注目ポイント

　第2となる【事業の状況】において，最重要となるのは**業績等の概要**といえる。ここでは1年間における収益の増減の理由が文章で記載されている。「○○という商品が好調に推移したため，売上高は△△になりました」といった情報が，比較的易しい文章で書かれている。もちろん，損失が出た場合に関しても包み隠さず記載してあるので，その会社の1年間の動向を知るための格好の資料となる。

　また，業績については各事業ごとに細かく別れて記載してある。例えば鉄道会社ならば，①運輸業，②駅スペース活用事業，③ショッピング・オフィス事業，④その他といった具合だ。**どのサービス・商品がどの程度の売上を出したのか**，会社の持つ展望として，今後**どの事業をより活性化**していくつもりなのか，などを意識しながら読み進めるとよいだろう。

■「対処すべき課題」と「事業等のリスク」

　業績等の概要と同様に重要となるのが，「**対処すべき課題**」と「**事業等のリスク**」の2項目といえる。ここで読み解きたいのは，その会社の**今後の伸びしろ**について。いま，会社はどのような状況にあって，どのような課題を抱えているのか。また，その課題に対して取られている対策の具体的な内容などから経営方針などを読み解くことができる。リスクに関しては法改正や安全面，他の企業の参入状況など，会社にとって決してプラスとは言えない情報もつつみ隠さず記載してある。客観的にその会社を再評価する意味でも，ぜひ目を通していただきたい。

　次代を担う就活生にとって，ここの情報はアピールポイントとして組み立てやすい。「新事業の○○の発展に際して……」，「御社が抱える●●というリスクに対して……」などという発言を面接時にできれば，面接官の心証も変わってくるはずだ。

最後に注目したいのが，第5【経理の状況】だ。ここでは，簡単にいえば【主要な経営指標等の推移】の表をより細分化した表が多く記載されている。ここの情報をすべて理解するのは，簿記の知識がないと難しい。しかし，そういった知識があまりなくても，読み解ける情報は数多くある。例えば**損益計算書**などがそれに当たる。

連結損益計算書

(単位：百万円)

	前連結会計年度 （自 平成26年4月1日 至 平成27年3月31日）	当連結会計年度 （自 平成27年4月1日 至 平成28年3月31日）
営業収益	2,756,165	2,867,199
営業費		
運輸業等営業費及び売上原価	1,806,181	1,841,025
販売費及び一般管理費	※1 522,462	※1 538,352
営業費合計	2,328,643	2,379,378
営業利益	427,521	487,821
営業外収益		
受取利息	152	214
受取配当金	3,602	3,703
物品売却益	1,438	998
受取保険金及び配当金	8,203	10,067
持分法による投資利益	3,134	2,565
雑収入	4,326	4,067
営業外収益合計	20,858	21,616
営業外費用		
支払利息	81,961	76,332
物品売却損	350	294
雑支出	4,090	3,908
営業外費用合計	86,403	80,535
経常利益	361,977	428,902
特別利益		
固定資産売却益	※4 1,211	※4 838
工事負担金等受入額	※5 59,205	※5 24,487
投資有価証券売却益	1,269	4,473
その他	5,016	6,921
特別利益合計	66,703	36,721
特別損失		
固定資産売却損	※6 2,088	※6 1,102
固定資産除却損	※7 3,957	※7 5,105
工事負担金等圧縮額	※8 54,253	※8 18,346
減損損失	※9 12,738	※9 12,297
耐震補強重点対策関連費用	8,906	10,288
災害損失引当金繰入額	1,306	25,085
その他	30,128	8,537
特別損失合計	113,379	80,763
税金等調整前当期純利益	315,300	384,860
法人税、住民税及び事業税	107,540	128,972
法人税等調整額	26,202	9,326
法人税等合計	133,742	138,298
当期純利益	181,558	246,561
非支配株主に帰属する当期純利益	1,160	1,251
親会社株主に帰属する当期純利益	180,397	245,309

　主要な経営指標等の推移で記載されていた**経常利益**の算出する上で必要な営業外収益などについて，詳細に記載されているので，一度目を通しておこう。
　いよいよ次ページからは実際の有報が記載されている。ここで得た情報をもとに有報を確実に読み解き，就職活動を有利に進めよう。

✔ 有価証券報告書

※抜粋

企業の概況

1 主要な経営指標等の推移

(1) 連結経営指標等

回次		第125期	第126期	第127期	第128期	第129期
決算年月		2019年3月	2020年3月	2021年3月	2022年3月	2023年3月
売上高	(百万円)	1,401,505	1,401,894	1,335,439	1,344,147	1,373,209
経常利益	(百万円)	58,259	63,786	59,907	81,249	83,661
親会社株主に帰属する当期純利益又は親会社株主に帰属する当期純損失（△）	(百万円)	△35,668	69,497	25,088	97,182	85,692
包括利益	(百万円)	△36,694	2,536	148,228	103,770	43,032
純資産	(百万円)	1,046,622	968,574	1,098,613	1,148,413	1,148,245
総資産	(百万円)	1,775,022	1,721,724	1,825,019	1,876,647	1,830,384
1株当たり純資産額	(円)	3,300.52	3,260.38	3,716.85	4,057.97	4,158.46
1株当たり当期純利益又は当期純損失（△）	(円)	△118.22	235.18	89.31	355.84	321.31
潜在株式調整後1株当たり当期純利益	(円)	−	235.07	89.27	355.78	321.26
自己資本比率	(%)	56.12	53.19	57.20	58.18	59.41
自己資本利益率	(%)	△3.48	7.27	2.56	9.10	7.86
株価収益率	(倍)	△22.39	9.78	25.97	8.09	11.53
営業活動によるキャッシュ・フロー	(百万円)	68,971	93,937	61,681	82,028	37,993
投資活動によるキャッシュ・フロー	(百万円)	△146,909	191,057	△56,284	△39,208	△25,021
財務活動によるキャッシュ・フロー	(百万円)	△32,196	△41,280	△78,268	△57,751	△52,435
現金及び現金同等物の期末残高	(百万円)	133,771	377,367	304,223	293,361	258,329
従業員数（外、平均臨時雇用人員）	(人)	38,051 (9,398)	38,181 (10,011)	37,062 (17,755)	36,542 (17,821)	36,246 (19,447)

(注) 1. 第125期の潜在株式調整後1株当たり当期純利益については、潜在株式は存在するものの、1株当たり当期純損失であるため記載しておりません。

2. 平均臨時雇用人員については、第127期より、臨時従業員の対象を雇用契約期間に1年以上の定めのある従業員から6か月以上の定めのある従業員に変更したうえで算定しております。

3. 「収益認識に関する会計基準」（企業会計基準第29号 2020年3月31日）等を第128期の期首から適

ⓟⓞⓘⓝⓣ 主要な経営指標等の推移

数年分の経営指標の推移がコンパクトにまとめられている。見るべき箇所は連結の売上、利益、株主資本比率の3つ。売上と利益は順調に右肩上がりに伸びているか、逆に利益で赤字が続いていたりしないかをチェックする。株主資本比率が高いとリーマンショックなど景気が悪化したときなどでも経営が傾かないという安心感がある。

用しており，第128期以降に係る主要な経営指標等については，当該会計基準等を適用した後の指標等となっております。

（2）提出会社の経営指標等 ···

回次		第125期	第126期	第127期	第128期	第129期
決算年月		2019年3月	2020年3月	2021年3月	2022年3月	2023年3月
売上高	（百万円）	982,691	984,888	925,259	934,186	928,084
経常利益	（百万円）	18,441	15,359	27,709	61,999	56,813
当期純利益又は当期純損失（△）	（百万円）	△51,196	29,998	12,644	87,029	81,653
資本金	（百万円）	114,464	114,464	114,464	114,464	114,464
発行済株式総数	（千株）	324,240	324,240	324,240	317,240	292,240
純資産	（百万円）	669,873	560,334	646,612	676,890	661,653
総資産	（百万円）	1,426,257	1,359,719	1,417,801	1,420,458	1,339,813
1株当たり純資産額	（円）	2,219.36	1,994.84	2,302.03	2,515.60	2,529.96
1株当たり配当額 （うち1株当たり中間配当額）	（円）	64.00 (32.00)	64.00 (32.00)	64.00 (32.00)	64.00 (32.00)	64.00 (32.00)
1株当たり当期純利益 又は当期純損失（△）	（円）	△169.61	101.51	45.01	318.65	306.16
潜在株式調整後 1株当たり当期純利益	（円）	－	－	－	－	－
自己資本比率	（%）	46.97	41.21	45.61	47.65	49.38
自己資本利益率	（%）	△7.27	4.88	2.10	13.15	12.20
株価収益率	（倍）	△15.61	22.67	51.52	9.03	12.10
配当性向	（%）	－	63.0	142.2	20.1	20.9
従業員数 （外，平均臨時雇用人員）	（人）	10,757	10,499	10,328 (1,008)	10,082 (1,000)	10,107 (942)
株主総利回り （比較指標：配当込みTOPIX）	（%） （%）	123.34 (94.96)	110.51 (85.94)	114.24 (122.15)	142.58 (124.57)	183.12 (131.82)
最高株価	（円）	2,691	3,135	2,655	3,080	4,160
最低株価	（円）	2,138	1,921	1,791	2,112	2,497

（注）1．潜在株式調整後1株当たり当期純利益については，潜在株式が存在しないため記載しておりません。

2．最高株価及び最低株価は，2022年4月3日以前は東京証券取引所市場第一部におけるものであり，2022年4月4日以降は東京証券取引所プライム市場におけるものであります。

3．平均臨時雇用人員については，第127期より，臨時従業員の対象を雇用契約期間に1年以上の定めのある従業員から6か月以上の定めのある従業員に変更したうえで算定しております。

4．「収益認識に関する会計基準」（企業会計基準第29号　2020年3月31日）等を第128期の期首から適用しており，第128期以降に係る主要な経営指標等については，当該会計基準等を適用した後の指標等となっております。

(point) **沿革**

どのように創業したかという経緯から現在までの会社の歴史を年表で知ることができる。過去に行った重要なM&Aなどがいつ行われたのか，ブランド名はいつから使われているのか，いつ頃から海外進出を始めたのか，など確認することができて便利だ。

1876年10月	・東京府下京橋区に秀英舎として創業
1886年11月	・第一工場（現市谷工場）を開設
1888年4月	・舎則を改め，有限責任会社組織に変更
1894年1月	・商法の実施にともない株式会社組織に変更
1923年10月	・本社を現在地に移転
1931年12月	・諸星インキ株式会社（現：株式会社DNPファインケミカル：現連結子会社）を設立
1935年2月	・日清印刷株式会社を合併し，大日本印刷株式会社と改称
1946年9月	・榎町工場を復興，操業再開
〃 10月	・京都工場を開設
1949年5月	・東京証券取引所に上場
1951年11月	・大崎工場を開設
1956年9月	・日本精版株式会社を合併し，大阪工場として発足
1957年8月	・王子工場を開設
〃 9月	・名古屋営業所を開設
1958年1月	・仙台営業所を開設
〃 10月	・大日本梱包運送株式会社（現：株式会社DNPロジスティクス：現連結子会社）を設立
1961年3月	・福岡営業所を開設
〃 9月	・札幌営業所を開設
1962年9月	・大日本商事株式会社を設立（現連結子会社）
1963年1月	・北海道コカ・コーラボトリング株式会社を設立（現連結子会社）
1966年7月	・中央研究所を完成
1967年9月	・横浜工場を開設
1968年12月	・大日本ミクロ株式会社を合併し，ミクロ工場（現：上福岡工場）として発足
1972年1月	・赤羽工場を開設
〃 6月	・二葉印刷株式会社を合併
〃 12月	・蕨工場を開設
1973年4月	・狭山工場を開設
〃 5月	・鶴瀬工場を開設
〃 10月	・奈良工場を開設
1975年7月	・生産総合研究所を設立

1983年9月	・久喜工場を開設
1985年7月	・中央研究所柏研究施設を完成
1990年11月	・小野工場を開設
1991年10月	・岡山工場を開設
1993年7月	・三原工場を開設
1994年10月	・大利根工場を開設
1995年9月	・田辺工場を開設
1996年11月	・泉崎工場を開設
1998年3月	・宇都宮工場を開設
1999年1月	・牛久工場を開設
2001年5月	・DNPグループ21世紀ビジョンを策定
2004年4月	・情報コミュニケーション関西事業部を開設
〃 10月	・株式会社DNP北海道，株式会社DNP東北を設立 (現連結子会社)
2005年5月	・黒崎工場を開設
〃 10月	・株式会社DNP西日本を設立 (現連結子会社)
2006年7月	・コニカミノルタホールディングス株式会社の証明写真事業等を買収
〃 9月	・DNP五反田ビルを完成 ・DNP神谷ソリューションセンターを開設
2008年8月	・丸善株式会社の株式を取得し連結子会社化
2009年3月	・株式会社ジュンク堂書店の株式を取得し連結子会社化
2010年2月	・丸善株式会社と株式会社図書館流通センターを経営統合し，中間持株会社CHIグループ株式会社 (現丸善CHIホールディングス株式会社：現連結子会社) を設立
〃 4月	・株式会社インテリジェント ウェイブの株式を取得し連結子会社化
〃 10月	・株式会社DNPオフセットと株式会社DNP製本を経営統合し，株式会社DNP書籍ファクトリーを設立 (現連結子会社)
2011年4月	・中部事業部と株式会社DNP東海を統合し，株式会社DNP中部を設立 (現連結子会社) ・戸畑工場を開設
〃 11月	・田辺工場新棟を開設
2012年1月	・市谷地区の再開発，「南館」(現「DNP市谷加賀町第2ビル」) 完成
〃 10月	・株式会社DNPテクノパック横浜，株式会社DNPテクノパック東海，株式会社DNPテクノパック関西，株式会社DNPテクノポリマーを株式会社DNPテクノパックに経営統合
2013年1月	・生活者向け施設「コミュニケーションプラザドット DNP」開設 (東京)

〃 4 月	・生活者向け施設「CAFE Lab.（カフェラボ）」開設（大阪）	
〃 5 月	・ベトナム工場を開設	
〃 7 月	・宇都宮に有機合成工場を開設	
〃 12 月	・マレーシア工場を開設 ・DNP柏データセンターを開設	
2014年7月	・株式会社DNP北海道，株式会社DNP東北，株式会社DNP中部，株式会社DNP西日本の4社を会社分割し，営業部門を当社に統合 ・商業印刷及びビジネスフォームに関連する当社及び上記4社の製造部門を株式会社DNPグラフィカと株式会社DNPデータテクノに，上記4社の商業印刷関連の企画・制作・プリプレス部門を株式会社DNPメディアクリエイトにそれぞれ統合	
2015年8月	・田村プラスチック製品株式会社の株式を取得し，DNP田村プラスチック株式会社として連結子会社化 ・市谷地区の再開発，「DNP市谷加賀町ビル」完成	
〃 10 月	・DNPグループビジョン2015を策定	
2016年1月	・市谷地区の再開発，「DNP市谷鷹匠町ビル」完成	
〃 8 月	・「コミュニケーションプラザドットDNP」を改修し，体験型施設「DNPプラザ」開設（東京）	
〃 10 月	・株式会社DNPメディアクリエイト，株式会社DNPデジタルコム，株式会社DNP映像センターを統合し，株式会社DNPコミュニケーションデザインを設立（現連結子会社）	
2017年2月	・株式会社DNPデジタルソリューションズを設立（現連結子会社）	
〃 10 月	・単元株式数を1,000株から100株に変更し，2株を1株とする株式併合を実施 ・「東京アニメセンター in DNPプラザ」開設（現「東京アニメセンター in DNP PLAZA SHIBUYA」）	
2018年4月	・SIG Comblibloc グループと合弁で株式会社DNP・SIG Combiblocを設立（現連結子会社）	
2020年3月	・株式会社JTBプランニングネットワークの株式を取得し，株式会社DNPプランニングネットワークとして連結子会社化 ・DNPグループ環境ビジョン2050を策定	
2021年3月	・リチウムイオン電池部材の工場を鶴瀬工場内に開設	
2022年4月	・東京証券取引所プライム市場へ移行	
2023年1月	・株式会社DNPコアライズを設立（現連結子会社）	
〃 2 月	・市谷地区の再開発，「DNP市谷加賀町第3ビル」完成DNPグループの経営の基本方針を公表	
〃 4 月	・SCIVAX株式会社と合弁でナノインプリントソリューションズ株式会社を設立（現関連会社）	

(point) **事業の内容**

　会社の事業がどのようにセグメント分けされているか，そして各セグメントではどのようなビジネスを行っているかなどの説明がある。また最後に事業の系統図が載せてあり，本社，取引先，国内外子会社の製品・サービスや部品の流れが分かる。ただセグメントが多いコングロマリットをすぐに理解するのは簡単ではない。

| 〃 5月 | ・シミックCMO株式会社の株式を取得し連結子会社化 |

3　事業の内容

　DNPグループは，当社及び子会社141社，関連会社23社で構成され，印刷事業及び飲料事業において情報コミュニケーション，生活・産業，エレクトロニクス，飲料に関連する事業活動を行っております。

　DNPグループの事業における位置づけ等は，おおむね次のとおりであります。なお，次の4部門は，セグメントの区分と同一であります。

〔印刷事業〕
≪情報コミュニケーション部門≫

　単行本・辞書・年史等の書籍，週刊誌・月刊誌・季刊誌等の雑誌，企業PR誌，教科書，電子書籍

　販促から顧客分析に関わるデジタルマーケティング支援，

　企業の業務プロセス・販売プロセスに関わるBPRコンサルとBPOサービス，コンタクトセンター事業，IPS，ICカード，決済関連サービス，カード関連機器，認証・セキュリティサービスと関連製品，ICタグ，ホログラム，ビジネスフォーム，カタログ，チラシ，パンフレット，カレンダー，POP，デジタルサイネージ（電子看板），イベント・店舗・商品・コンテンツ等の企画・開発・制作・施工・運営

　昇華型熱転写製品（カラーインクリボンと受像紙），溶融型熱転写製品（モノクロインクリボン），証明写真機事業，顔写真・IDソリューション，エンタメ・アミューズフォトソリューション

　電子書籍流通・販売，図書販売，図書館運営，その他
［主な関係会社］
（製　　　　　　造）

　大口製本印刷（株），（株）DNPイメージングコム，

　（株）DNPエスピーイノベーション，（株）DNPグラフィカ，

　（株）DNPコミュニケーションデザイン，（株）DNP書籍ファクトリー，

（株）DNPデータテクノ，（株）DNPメディア・アート，
（株）DNPメディアサポート

（製　造・販　売）

DNP Imagingcomm Asia Sdn.Bhd.,　DNP Imagingcomm Europe B.V.,
DNP Imagingcomm America Corporation

※MK Smart Joint Stock Company

（販売・サービス）

丸善CHIホールディングス（株），（株）インテリジェントウェイブ，
（株）サイバーナレッジアカデミー，（株）DNPアイディーシステム，
（株）DNPアートコミュニケーションズ，（株）DNPコアライズ，
（株）DNPデジタルソリューションズ，（株）DNPハイパーテック，
（株）DNPフォトイメージングジャパン，（株）DNPプランニングネットワーク，
（株）DNPホリーホック，（株）トゥ・ディファクト，
（株）DNPメトロシステムズ，（株）モバイルブック・ジェーピー，
丸善雄松堂（株），丸善出版（株），（株）丸善ジュンク堂書店，
（株）図書館流通センター，（株）丸善リサーチサービス，
Colorvision International,Inc.,　DNP Photo Imaging EuropeSAS,
DNP Photo Imaging Russia,LLC,　Sharingbox SA

※BIPROGY（株），ブックオフグループホールディングス（株），教育出版（株）

なお，丸善CHIホールディングス（株），（株）インテリジェントウェイブ，
BIPROGY（株）及びブックオフグループホールディングス（株）は東京証券取引
所に上場しております。

≪生活・産業部門≫

食品・飲料・菓子・日用品・医療品用等の各種包装材料，カップ類，プラスチックボトル，ラミネートチューブ，プラスチック成型容器，無菌充填システム

住宅・店舗・オフィス・車両・家電製品・家具等の内外装材，自動車等のプラスチック成型部品，金属化粧板

リチウムイオン電池用部材，太陽電池用部材，電子部品搬送用資材，多機能断熱ボックス，その他

［主な関係会社］

（製　　　　　造）

　（株）DNPテクノパック，（有）エヌテック，相模容器（株），（株）DNPエリオ，

　（株）DNP高機能マテリアル，（株）DNP生活空間，（株）DNP包装

（製　造・販　売）

　DNP田村プラスチック（株），（株）アセプティック・システム，

　（株）DNPファインケミカル宇都宮，

　PT DNP Indonesia, DNP Vietnam Co., Ltd.

（販売・サービス）

　DNP住空間マテリアル販売（株），（株）ライフスケープマーケティング，

　（株）DNP・SIG Combibloc

≪エレクトロニクス部門≫

　ディスプレイ用光学フィルム，プロジェクションスクリーン，有機ELディスプレイ用メタルマスク，液晶ディスプレイ用大型フォトマスク

　半導体製品用フォトマスク，リードフレーム，LSI設計，ハードディスク用サスペンション，MEMS（微小電子機械システム）製品，その他

［主な関係会社］

（製　　　　　造）

　（株）DNPエル・エス・アイ・デザイン，（株）DNPファインオプトロニクス，

　（株）DNPプレシジョンデバイス姫路

（製　造・販　売）

　ディー・ティー・ファインエレクトロニクス（株），

　DNP Denmark A/S, DNP Photomask Europe S.p.A.

　※Photronics DNP Mask Corporation,

　　Photronics DNP Mask Corporation Xiamen

（販　　　　　売）

　DNP Taiwan Co.,Ltd.

＜複数の事業を行う関係会社＞

（製　造・販　売）

（株）DNPファインケミカル，（株）DNPエンジニアリング，（株）DNP四国

※DICグラフィックス（株）

（販売・サービス）

　（株）DNPロジスティクス，大日本商事（株），

　（株）DNPアカウンティングサービス，（株）DNP情報システム，

　（株）DNPヒューマンサービス，（株）DNPファシリティサービス，

　サンシ興産（株），（株）DNP北海道，（株）DNP東北，（株）DNP中部，（株）

　DNP西日本，DNP Asia Pacific Pte.Ltd.，DNP CorporationUSA，

　DNP America,LLC，DNP Holding USA Corporation

〔飲料事業〕

≪飲料部門≫

　北海道コカ・コーラボトリング（株）を中心として炭酸飲料，コーヒー飲料，ティー飲料，果汁飲料，機能性飲料，ミネラルウォーター，アルコール飲料等の製造・販売を行っております。なお，北海道コカ・コーラボトリング（株）は，東京証券取引所，札幌証券取引所に上場しております。

(注) ※：持分法適用関連会社

＜事業系統図＞

　以上述べた事項を事業系統図によって示すと次のとおりであります。

(point) **関係会社の状況**

　主に子会社のリストであり，事業内容や親会社との関係についての説明がされている。特に製造業の場合などは子会社の数が多く，すべてを把握することは難しいが，重要な役割を担っている子会社も多くある。有報の他の項目では一度も触れられていない場合が多いので，気になる会社については個別に調べておくことが望ましい。

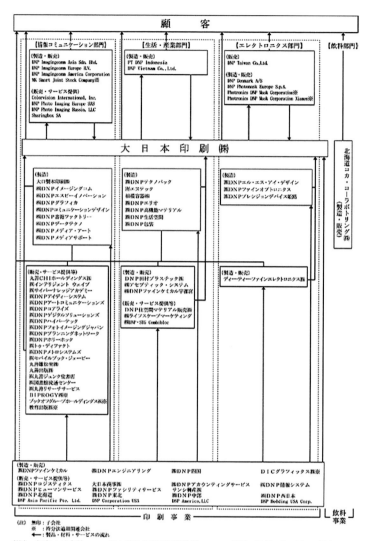

顧客

【情報コミュニケーション部門】
(製造・販売)
DNP Imagingcomm Asia Sdn. Bhd.
DNP Imagingcomm Europe B.V.
DNP Imagingcomm America Corporation
VK Smart Joint Stock Company※

(販売・サービス提供)
Colorvision International, Inc.
DNP Photo Imaging Europe SAS
DNP Photo Imaging Russia, LLC
Sharingbox SA

【生活・産業部門】
(製造・販売)
PT DNP Indonesia
DNP Vietnam Co., Ltd.

【エレクトロニクス部門】
(販売)
DNP Taiwan Co.,Ltd.

(製造・販売)
DNP Denmark A/S
DNP Photomask Europe S.p.A.
Photronics DNP Mask Corporation※
Photronics DNP Mask Corporation Xiamen※

【飲料部門】

大日本印刷㈱

(製造)
大口製本印刷㈱
㈱DNPイメージングコム
㈱DNPエスピーイノベーション
㈱DNPグラフィカ
㈱DNPコミュニケーションデザイン
㈱DNP書籍ファクトリー
㈱DNPデータテクノ
㈱DNPメディア・アート
㈱DNPメディアサポート

(製造)
㈱DNPテクノパック
㈱エステック
相模容器㈱
㈱DNPエリオ
㈱DNP高機能マテリアル
㈱DNP生活空間
㈱DNP包装

(製造)
㈱DNPエル・エス・アイ・デザイン
㈱DNPファインオプトロニクス
㈱DNPプレシジョンデバイス※

北海道コカ・コーラボトリング㈱
(製造・販売)

(販売・サービス提供等)
丸善CHIホールディングス㈱
㈱インテリジェント ウェイブ
㈱サイバー・ナレッジアカデミー
㈱DNPアイディーシステム
㈱DNPアートコミュニケーションズ
㈱DNPコアライズ
㈱DNPデジタルソリューションズ
㈱DNPハイパーテック
㈱DNPフォトイメージングジャパン
㈱DNPプランニングネットワーク
㈱DNPホリューホッカ
㈱トゥ・ディファクト
㈱DNPメトロシステムズ
㈱モバイルブック・ジェーピー
丸善出版㈱
㈱丸善ジュンク堂書店
㈱図書館流通センター
㈱丸善リサーチサービス
BIPROGY㈱※
ブックオフグループホールディングス㈱※
教育出版㈱※

(製造・販売)
DNP田村プラスチック㈱
㈱アセプティック・システム
㈱DNPファインケミカル宇都宮

(販売・サービス提供等)
DNP住空間マテリアル販売㈱
㈱ライフスケープ・マーケティング
㈱DNP・SIG Combibloc

(製造・販売)
ディー・ティー・ファインエレクトロニクス㈱

(製造・販売)
㈱DNPファインケミカル

(販売・サービス提供等)
㈱DNPロジスティクス
㈱DNPヒューマンサービス
㈱DNP北海道
DNP Asia Pacific Pte. Ltd.

㈱DNPエンジニアリング
大日本商事㈱
㈱DNPファシリティサービス
㈱DNP東北
DNP Corporation USA

㈱DNP四国
㈱DNPアカウンティングサービス
サンシ興産㈱
㈱DNP中部
DNP America, LLC

DICグラフィックス㈱※
㈱DNP情報システム
㈱DNP西日本
DNP Holding USA Corp.

印刷事業　　　　飲料事業

(注)　無印：子会社　　※；持分法適用関連会社　　←：製品・材料・サービスの流れ

（1）　連結子会社

名称	住所	資本金 (百万円)	主要な事業の内容	議決権の所有割合 (%)	役員の兼任等 当社役員 (名)	役員の兼任等 当社従業員 (名)	資金援助	営業上の取引	設備の賃貸借
丸善CHI ホールディングス㈱	東京都 新宿区	3,000	事業会社への投資、管理	55.0	0	2	なし	なし	建物・備品の一部を賃貸
北海道コカ・コーラ ボトリング㈱	札幌市 清田区	2,935	飲料の製造、販売	59.7 (2.2)	0	1	なし	資材等を販売	なし
㈱インテリジェント ウェイブ	東京都 中央区	843	ソフトウェアの開発・保守	50.8	0	2	なし	ソフトウェア製品の購入	なし
㈱DNPアカウンティングサービス	東京都 新宿区	30	経理事務代行サービス	100.0	0	2	運転資金の貸付	経理事務を委託	備品の一部を賃貸
㈱DNPテクノパック	東京都 新宿区	300	包装用品の製造	100.0	0	6	なし	包装用品の製造を委託	工場用建物・機械の一部を賃貸
㈱DNP ファインケミカル	横浜市 緑区	2,000	化成品等の製造、販売	100.0	1	3	なし	インキ等を仕入、包装資材等を販売	工場用土地・建物・備品の一部を賃貸
㈱DNP ロジスティクス	東京都 北区	626	貨物運送・倉庫業梱包・発送業務	100.0	0	6	なし	貨物の輸送・梱包・発送業務を委託	工場用建物・機械の一部を賃貸
㈱アセプティック・システム	東京都 新宿区	100	包装機械・充填機の製造、販売	100.0	0	3	なし	包装機械・充填機の製造を委託	建物・備品の一部を賃貸
㈲エヌテック	愛知県 豊橋市	5	金型の製作	89.0 (89.0)	0	0	なし	なし	なし
大口製本印刷㈱	埼玉県 入間郡 三芳町	49	製本	100.0 (15.2)	0	2	なし	製本を委託	機械の一部を賃貸
㈱サイバーナレッジ アカデミー	東京都 新宿区	70	セキュリティ技術に関する教育及び催事等の企画、制作、運営	100.0	0	3	なし	セキュリティ技術に関する教育及び催事の企画、制作、運営を委託	建物・備品の一部を賃貸
相模容器㈱	神奈川県 小田原市	200	ラミネートチューブの製造	90.0	0	5	なし	ラミネートチューブの製造を委託	工場用建物・機械の一部を賃貸
サンシ興産㈱	東京都 新宿区	10	不動産等の賃貸及び管理	100.0 (100.0)	0	1	なし	なし	なし
大日本商事㈱	東京都 新宿区	100	用紙、資材等各種商品の売買	94.3	0	4	なし	用紙・資材等の購入	建物の一部を賃貸
㈱DNP アイディーシステム	東京都 新宿区	60	官庁系ICカード身分証作成機器・材料の販売	100.0	0	2	なし	官庁系ICカード身分証用材料を供給	建物・備品の一部を賃貸
㈱DNPアート コミュニケーションズ	東京都 新宿区	300	美術品画像・映像の企画、制作、販売	100.0	0	2	なし	美術品画像・映像の企画、制作を委託	建物・備品の一部を賃貸
㈱DNP イメージングコム	東京都 新宿区	100	熱転写用サーマルカーボンリボン、昇華型転写印刷	100.0	0	2	なし	熱転写、昇華型転写の印刷を委託	工場用建物・機械の一部を賃貸
㈱DNPエスピー イノベーション	東京都 北区	80	各種広告宣伝物の企画、製造	100.0	0	3	なし	各種広告宣伝物の企画、製造を委託	工場用建物・機械の一部を賃貸
㈱DNPエリオ	神奈川県 愛甲郡 愛川町	300	鋼板・アルミプリント等の金属板印刷、加工	50.0	0	2	なし	金属板の印刷、加工を委託	工場用土地の一部を賃貸

名称	住所	資本金(百万円)	主要な事業の内容	議決権の所有割合(%)	役員の兼任等 当社役員(名)	役員の兼任等 当社従業員(名)	資金援助	営業上の取引	設備の賃貸借
㈱DNPエル・エス・アイ・デザイン	東京都新宿区	100	半導体製造用図面の設計、制作	100.0	0	4	なし	半導体製造用図面の設計、制作を委託	工場用建物・機械の一部を賃貸
㈱DNPエンジニアリング	茨城県つくば市	100	印刷・工作機械の製造、販売	100.0	0	2	なし	印刷・工作機械の購入	工場用建物・機械の一部を賃貸
㈱DNPグラフィカ	東京都新宿区	100	オフセット印刷・製本	100.0	0	8	なし	印刷・製本を委託	工場用建物・機械の一部を賃貸
㈱DNPコアライズ	東京都新宿区	100	BPO業務及びBPOコンサルティング業務	100.0	0	3	なし	なし	なし
㈱DNP高機能マテリアル	東京都新宿区	200	リチウムイオン電池用部材の製造	100.0	0	5	なし	リチウムイオン電池用部材の製造を委託	工場用建物・機械の一部を賃貸
㈱DNPコミュニケーションデザイン	東京都新宿区	100	企画・制作・製版・刷版	100.0	0	6	なし	製版・刷版業務を委託	工場用建物・機械の一部を賃貸
㈱DNP四国	徳島県徳島市	50	製版・印刷・製本	97.0	1	2	なし	製版・印刷・製本等を委託	工場用建物の一部を賃貸
㈱DNP書籍ファクトリー	東京都新宿区	200	印刷・製本	100.0	0	2	なし	印刷・製本等を委託	工場用土地・建物・機械の一部を賃貸
DNP住空間マテリアル販売㈱	東京都新宿区	300	建材製品の販売	100.0	0	2	なし	建材製品を販売	建物・備品の一部を賃貸
㈱DNP情報システム	東京都新宿区	100	情報システムの企画、開発	100.0	0	3	なし	情報システムの企画・開発を委託	建物・備品の一部を賃貸
㈱DNP生活空間	埼玉県入間郡三芳町	200	製版・刷版・印刷・加工	100.0	0	3	なし	製版・印刷・加工業務等を委託	工場用建物・機械の一部を賃貸
DNP田村プラスチック㈱	愛知県小牧市	60	自動車用品・各種プラスチック製品の製造販売	100.0	1	3	なし	自動車内装部品の製造を委託	なし
㈱DNP中部	名古屋市守山区	100	総務・経理事務等代行サービス	100.0	0	1	なし	総務・経理事務等を委託	建物・備品の一部を賃貸
㈱DNPデータテクノ	埼玉県蕨市	100	各種帳票及びセキュリティ事業関連製品の製造	100.0	0	3	なし	印刷・各種カードの製造を委託	工場用建物・機械の一部を賃貸
㈱DNPデジタルソリューションズ	東京都新宿区	100	情報システムの企画、設計、保守、運営	100.0	0	3	なし	情報システムの企画・開発を委託	建物・備品の一部を賃貸
㈱DNP東北	仙台市宮城野区	100	総務・経理事務等代行サービス	100.0	0	1	運転資金の貸付	総務・経理事務等を委託	建物・備品の一部を賃貸
㈱DNP西日本	福岡市南区	100	総務・経理事務等代行サービス	100.0	0	1	なし	総務・経理事務等を委託	建物・備品の一部を賃貸
㈱DNPハイパーテック	京都市下京区	40	ソフトウェア開発・販売	100.0	0	2	なし	ソフトウェアの購入	なし
㈱DNPヒューマンサービス	東京都新宿区	90	人事事務代行サービス	100.0	0	5	なし	人事事務を委託	建物・備品の一部を賃貸
㈱DNPファインオプトロニクス	東京都新宿区	300	電子精密部品の製造	100.0	0	8	なし	電子精密部品の製造を委託	工場用建物・機械の一部を賃貸
㈱DNPファインケミカル宇都宮	栃木県栃木市	100	化成品材料、医薬品原薬等の製造、販売	100.0 (100.0)	0	3	なし	化成品材料を購入	工場用建物・機械の一部を賃貸

名称	住所	資本金(百万円)	主要な事業の内容	議決権の所有割合(%)	役員の兼任等 当社役員(名)	役員の兼任等 当社従業員(名)	資金援助	営業上の取引	設備の賃貸借
㈱DNP ファシリティサービス	東京都 新宿区	350	ビル設備の管理運営、スポーツ・厚生施設運営、警備	100.0	0	6	なし	ビル設備の管理運営、スポーツ・厚生施設運営、警備を委託	土地・建物・備品の一部を賃貸
㈱DNPフォト イメージングジャパン	東京都 新宿区	100	証明写真事業、写真用材料・部品の販売、オリジナルブックの製造・販売	100.0	0	3	なし	写真用材料・部品を販売	建物・備品の一部を賃貸
㈱DNPプランニングネットワーク	東京都 品川区	50	印刷物の企画・制作	95.0	0	1	運転資金の貸付	印刷物の制作を受託	建物・備品の一部を賃貸
㈱DNPプレシジョンデバイス姫路	兵庫県 姫路市	400	電子精密部品の製造	100.0	0	3	なし	電子精密部品の製造を委託	備品の一部を賃貸
㈱DNP包装	東京都 北区	80	充填及び包装加工	100.0	0	2	なし	充填及び包装を委託	土地・工場用建物・備品の一部を賃貸
㈱DNP北海道	札幌市 東区	100	総務・経理事務等代行サービス	100.0	0	1	なし	総務・経理事務等を委託	建物・備品の一部を賃貸
㈱DNP ホリーホック	東京都 新宿区	90	フォトスタジオ運営、関連設備サービス	100.0 (100.0)	0	2	なし	写真撮影を委託	建物・備品の一部を賃貸
㈱DNP メディア・アート	東京都 新宿区	180	プリプレス、メディア制作	100.0	0	2	なし	プリプレス、メディア制作業務を委託	工場用建物・機械の一部を賃貸
㈱DNP メディアサポート	大阪府 門真市	10	印刷物の製造・販売	95.0	0	4	なし	印刷物の製造を委託	なし
ディー・ティー・ファインエレクトロニクス㈱	川崎市 幸区	490	電子精密部品の製造、販売	65.0	0	4	なし	電子精密部品の製造を委託	なし
㈱トゥ・ディファクト	東京都 新宿区	100	ハイブリッド型総合書店の運営	100.0	0	2	なし	電子書籍サイトの運用業務を委託	建物・備品の一部を賃貸
㈱DNP メトロシステムズ	東京都 新宿区	100	情報システムの設計、開発、運用、保守	100.0 (90.0)	0	1	なし	情報システムの設計・開発を委託	建物・備品の一部を賃貸
㈱モバイルブック・ジェーピー	東京都 千代田区	100	電子書籍の取次及び販売	63.8	0	2	なし	コンテンツ製作の委託	なし
㈱ライフスケープマーケティング	東京都 千代田区	430	食品・飲食物の購買・消費等に関する各種情報の調査・収集・提供	84.0	0	2	なし	食品・飲食物の購買・消費等に関する各種情報の調査・収集の委託	なし
㈱DNP・SIG Combibloc	東京都 新宿区	75	飲料及び液体食品向け無菌紙容器及び充填機器の販売	50.0	0	3	なし	無菌充填システムの購入	建物・備品の一部を賃貸
㈱丸善リサーチサービス	東京都 新宿区	50	電子書籍の取次、販売及び閲覧サービス	55.0 (55.0)	0	1	なし	なし	なし
㈱丸善ジュンク堂書店	東京都 中央区	50	書籍・雑誌・文具の販売	55.0 (55.0)	0	3	なし	印刷物を販売	なし
丸善出版㈱	東京都 千代田区	50	出版	55.0 (55.0)	0	2	なし	印刷物を販売	なし
丸善雄松堂㈱	東京都 中央区	100	書籍・雑誌・文具の販売、西洋稀覯書・学術洋書の輸入販売	55.0 (55.0)	0	2	なし	印刷物を販売	建物・備品の一部を賃貸
㈱図書館流通センター	東京都 文京区	266	図書販売、データ作成	55.0 (55.0)	1	1	なし	ICタグ等部品を販売	なし

名称	住所	資本金 (百万円)	主要な事業の内容	議決権の所有割合 (%)	当社役員 (名)	当社従業員 (名)	資金援助	営業上の取引	設備の賃貸借
DNP America, LLC	アメリカ ニューヨーク	千米ドル 100	印刷物・電子精密部品の販売	100.0 (100.0)	0	5	なし	印刷物等を販売	なし
DNP Asia Pacific Pte. Ltd.	シンガポール	千シンガポールドル 125,898	東南アジア地域の事業統括	100.0	0	2	なし	情報収集業務の委託	なし
DNP Corporation USA	アメリカ ニューヨーク	千米ドル 62,164	事業会社への投資	100.0 (7.2)	2	2	なし	情報収集業務の委託	なし
DNP Denmark A/S	デンマーク カールスルンデ	千デンマーククローネ 135,000	電子精密部品の製造、販売	100.0	0	4	なし	電子精密部品の仕入及び供給	なし
DNP Holding USA Corporation	アメリカ デラウェア	千米ドル 100	事業会社への投資	100.0 (100.0)	1	2	なし	なし	なし
DNP Imagingcomm America Corporation	アメリカ ノースカロライナ	千米ドル 71,980	熱転写リボンの製造、販売	100.0 (100.0)	0	5	なし	熱転写リボンの供給	なし
DNP Imagingcomm Asia Sdn. Bhd.	マレーシア ジョホール	千マレーシアリンギット 190,000	熱転写リボンの製造、販売	100.0	0	4	なし	熱転写リボンの供給	なし
DNP Imagingcomm Europe B.V.	オランダ ハールレム	千ユーロ 1,000	熱転写リボンの製造、販売	100.0	0	4	なし	熱転写リボンの供給	なし
DNP Photo Imaging Europe SAS	フランス ロワシー	千ユーロ 2,408	写真用材料・部品の販売	100.0	0	3	なし	印刷関連資材及び機械を販売	なし
DNP Photo Imaging Russia, LLC	ロシア モスクワ	千ルーブル 7,622	フォト関連製品の販売	100.0 (100.0)	0	2	なし	なし	なし
DNP Photomask Europe S. p. A.	イタリア アグラテブリアンツァ	千ユーロ 47,200	電子精密部品の製造、販売	80.6	0	4	なし	電子精密部品の供給	なし
DNP Taiwan Co., Ltd.	台湾 台北	千台湾ドル 10,000	電子精密部品の販売	100.0	0	4	なし	電子精密部品の仕入及び供給	なし
DNP Vietnam Co., Ltd.	ベトナム ビンズン	千米ドル 31,500	包装用品の製造、販売	100.0 (20.0)	0	4	なし	印刷を委託	なし
PT DNP Indonesia	インドネシア ジャカルタ	千米ドル 26,000	包装用品の製造、販売	51.0	1	3	なし	印刷を委託	なし
Colorvision International Inc.	アメリカ フロリダ	米セント 1	アミューズメント施設向け撮影配信システムの運用	100.0 (100.0)	0	4	なし	撮影配信システムライセンス提供	なし
Sharingbox SA	ベルギー ブリュッセル	千ユーロ 3,588	イベント事業への機能性フォトブースの提供	100.0 (100.0)	0	3	なし	なし	なし

(注) 1. 議決権の所有割合欄の（　）内は，間接所有割合（内数）であります。

2. （株）DNPエリオ及び（株）DNP・SIGCombiblocは，持分が100分の50以下でありますが，実質的に支配しているため子会社としております。

3. （株）DNPテクノパック，（株）DNPデータテクノ及び（株）DNPファインオプトロニクスは，特定子会社であります。

4. 丸善CHIホールディングス（株），北海道コカ・コーラボトリング（株）及び（株）インテリジェントウェイブは，有価証券報告書提出会社であります。

5. 連結売上高に占める各連結子会社の売上高（連結会社相互間の内部売上高を除く）の割合が10％を超えていないため，「主要な損益情報等」の記載を省略しております。

 従業員の状況

主力セグメントや，これまで会社を支えてきたセグメントの人数が多い傾向があるのは当然のことだろう。上場している大企業であれば平均年齢は40歳前後だ。また労働組合の状況にページが割かれている場合がある。その情報を載せている背景として，労働組合の力が強く，人数を削減しにくい企業体質だということを意味している。

（2） 持分法適用の関連会社

名称	住所	資本金(百万円)	主要な事業の内容	議決権の所有割合(%)	関係内容				
					役員の兼任等		資金援助	営業上の取引	設備の賃貸借
					当社役員(名)	当社従業員(名)			
ＢＩＰＲＯＧＹ㈱	東京都江東区	5,483	コンピュータシステム、ネットワークシステムの開発	20.6	1	1	なし	システム開発を委託	なし
ブックオフグループホールディングス㈱	神奈川県相模原市	100	グループ会社の経営管理及びそれに付帯する業務	16.3(9.8)	0	1	なし	なし	なし
ＤＩＣグラフィックス㈱	東京都中央区	500	印刷インキ等の製造・販売	33.4	0	2	なし	インキ等を仕入	工場用建物の一部を賃貸
教育出版㈱	東京都江東区	60	教科書・教材品の編集、販売	48.3	0	0	なし	印刷物を販売	なし
MK Smart Joint Stock Company	ベトナムハノイ	百万ベトナムドン 100,000	カード及びビジネスフォームの製造・販売	36.3	0	2	なし	各種プラスチックカードの製造を委託	なし
Photronics DNP Mask Corporation	台湾新竹	千台湾ドル 2,198,185	半導体フォトマスクの製造・販売	49.9	0	4	なし	電子精密部品の供給	なし
Photronics DNP Mask Corporation Xiamen	中国廈門	千米ドル 180,000	半導体フォトマスクの製造・販売	49.9(49.9)	0	4	なし	電子精密部品の供給	なし
その他11社									

（注）1. 議決権の所有割合欄の（　）内は，間接所有割合（内数）であります。

　　　2. ブックオフグループホールディングス（株）は持分が100分の20未満でありますが，実質的な影響力を持っているため関連会社としております。

　　　3. 日本ユニシス（株）及びブックオフグループホールディングス（株）は，有価証券報告書提出会社であります。

　　　4. 「役員の兼任等」には，当社との兼任及び当社からの出向者を含んでおります。

5 従業員の状況

(1) 連結会社の状況

2023年3月31日現在

セグメントの名称	従業員数（人）
情報コミュニケーション部門	18,342 (17,403)
生活・産業部門	10,491 (1,197)
エレクトロニクス部門	3,825 (200)
飲料部門	1,225 (304)
全社（共通）	2,363 (343)
合　　計	36,246 (19,447)

(注) 1. 従業員数は就業人員数(DNPグループからグループ外への出向者を除き，グループ外からDNPグループへの出向者を含む。)であります。従業員数欄の（外書）は，臨時従業員の年間平均雇用人員数であります。

2. 臨時従業員は，雇用契約期間に6か月以上の定めのある従業員であります。

3. 全社（共通）は，提出会社の本社部門及び提出会社の基礎研究部門等に所属している就業人員数であります。

(2) 提出会社の状況

2023年3月31日現在

従業員数（人）	平均年齢（歳）	平均勤続年数（年）	平均年間給与（円）
10,107 (942)	43.8	20.1	7,969,603

セグメントの名称	従業員数（人）
情報コミュニケーション部門	5,144 (505)
生活・産業部門	1,592 (62)
エレクトロニクス部門	1,008 (32)
全社（共通）	2,363 (343)
合　　計	10,107 (942)

(注) 1. 従業員数は就業人員数(当社から社外への出向者を除き，社外から当社への出向者を含む。)であります。従業員数欄の（外書）は，臨時従業員の年間平均雇用人員数であります。

2. 臨時従業員は，雇用契約期間に6か月以上の定めのある従業員であります。

3. 平均年間給与は，賞与及び基準外賃金を含んでおります。

(point) 業績等の概要

この項目では今期の売上や営業利益などの業績がどうだったのか，収益が伸びたあるいは減少した理由は何か，そして伸ばすためにどんなことを行ったかということがセグメントごとに分かる。現在，会社がどのようなビジネスを行っているのか最も分かりやすい箇所だと言える。

（3）　労働組合の状況 ··

　大日本印刷グループ労働組合連合会は，現在26労働組合が加盟し，グループ内の組合員数は約21,800人であります。

　労使関係について，特に記載すべき事項はありません。

■ 事業の状況

1　経営方針，経営環境及び対処すべき課題等

　DNPグループの経営方針,経営環境及び対処すべき課題は次のとおりであります。

　文中の将来に関する事項は，当連結会計年度末現在において，DNPグループが判断したものです。

（1）　会社の経営の基本方針 ··

　DNPグループは，サステナブルな社会の実現を目指し，「人と社会をつなぎ，新しい価値を提供する。」ことを企業理念に掲げています。この理念に基づき，持続可能なより良い社会，より心豊かな暮らしを実現するため，長期を見据えて，自らがより良い未来をつくり出していく事業活動を展開していきます。

　さまざまな活動を通じて，社会課題を解決するとともに，人々の期待に応える新しい価値を創出し，それらの価値を生活者の身近に常に存在する「あたりまえ」のものにしていきます。人々にとって「欠かせない価値」を生み出し続けることで，DNP自身が「欠かせない存在」になるように努めており，こうした姿勢を「未来のあたりまえをつくる。」というブランドステートメントで表明しています。

　経営の基本方針に沿った取り組みを通じて，持続的に事業価値・株主価値を創出していきます。事業活動の評価指標としてROEとPBRを用いて，価値向上の達成状況を評価していきます。

(2) 中長期的な会社の経営戦略 ···

　DNPグループは，経営の基本方針に基づき，2026年3月期を最終年度とする3か年の新しい中期経営計画を2023年4月から実行しています。この計画では，「事業戦略」を中心に持続的な価値創出の具体策を実行するとともに，それを支える経営資本の強化に向けて「財務戦略」と「非財務戦略」を推進し，事業価値・株主価値を高めていきます。

＜三つの戦略＞

〔1：事業戦略〕

〔1-1：中長期の事業ポートフォリオの考え方〕

　新しい「事業戦略」では，「市場成長性・魅力度」と「事業収益性」を基準に，目指すべき中長期の事業ポートフォリオを明確に示しました。「市場成長性・魅力度」が高い「成長牽引事業」と「新規事業」を「注力事業領域」と位置付けています。この「注力事業領域」の五つの事業に集中的にリソース（経営資源）を投入し，必要な組織・体制なども十分に整備して，利益の創出を一層加速・拡大させていきます。また，コアバリューの進化と深耕，独自の強みを持った企業に対するM＆A，DNPならではの社会・関係資本である多様なパートナーとの共創などによって，「NO. 1」を獲得していく戦略を推進していきます。

＊成長牽引事業：デジタルインターフェース関連，半導体関連，モビリティ・産業用高機能材関連
＊新規事業：コンテンツ・XRコミュニケーション関連，メディカル・ヘルスケア関連

　一方で，市場成長性・魅力度の伸び率は低水準ながら収益性の高い「基盤事業」は，事業効率を高め安定的にキャッシュを生み出していきます。また，市場成長性が低く収益性の厳しい「再構築事業」については，生産能力や拠点の縮小・撤退を含めた最適化を進めるとともに，注力事業領域へのリソースの再配分や，その中でも強みを持つ製品・サービスの強化による構造改革を推進していきます。

＊基盤事業：イメージングコミュニケーション関連，情報セキュア関連
＊再構築事業：既存印刷関連，飲料事業

〔1-2：各セグメントにおける戦略〕

　事業領域とその戦略をより明確化し，具体的な施策の実行を加速させるため，セグメントの名称を2023年度から，「情報コミュニケーション部門」を「スマー

トコミュニケーション部門」に，「生活・産業部門」を「ライフ＆ヘルスケア部門」
に変更します。それにともない，快適な人々の暮らしに一層寄与していくため，
関係の深い「飲料事業」を「ライフ＆ヘルスケア部門」に移行し，「飲料部門」
のセグメントを廃止します。

〇スマートコミュニケーション部門

　当部門では，投下資本とキャッシュ創出のバランスを見ながら効率的・効果
的な投資を行うほか，DNPのコアバリューを活かし，国内外の企業との協業・
サービス開発を進めていきます。また，「再構築事業」の紙メディア印刷関連は，
市場規模に対応した合理化・適正化を進めます。

　当部門の「注力事業領域」である「コンテンツ・XRコミュニケーション関連」
では，リアルとバーチャルの空間をシームレスかつセキュアに行き来できる世
界を実現し，人々の体験価値を拡大していきます。日本だけでなく世界中の多
様なIP（Intellectual Property：知的財産）ホルダーやクリエーターとのネット
ワーク，アーカイブ事業や情報セキュア関連事業で培った高精細画像処理技術
や版権処理の実績と信頼，そして，個人や情報を安全に認証しながら大量のデー
タを流通させ，複雑なビジネスプロセスを統合・最適化させる能力などのDNP
ならではの強みを活かしていきます。また，着実に事業収益を積み上げる「基
盤事業」として，写真プリント等の多様な製品・サービスをグローバルに展開
する「イメージングコミュニケーション関連」，企業・団体等の最適な業務プロ
セスを設計して関連業務を受託するBPO事業，国内トップシェアのICカード
関連事業，各種認証サービス等の「情報セキュア関連」事業を推進します。

　具体的な施策としては，「イメージングコミュニケーション関連」や，「情報
セキュア関連」ではグローバルでの拡大投資を進めるほか，企業や自治体の業
務効率化，DX化のニーズを捉えたBPO事業の拡大も図ります。「コンテンツ・
XRコミュニケーション関連」では，国内外の多数のパートナーとの連携を深め
て，新規市場を創出していきます。

〇ライフ＆ヘルスケア部門

　当部門の「注力事業領域」の一つである「モビリティ・産業用高機能材関連」
では，世界シェアトップのリチウムイオン電池用バッテリーパウチのEV向け

（point）生産，受注及び販売の状況

　生産高よりも販売高の金額の方が大きい場合は，作った分よりも売れていることを意
味するので，景気が良い，あるいは会社のビジネスがうまくいっていると言えるケー
スが多い。逆に販売額の方が小さい場合は製品が売れなく，在庫が増えて景気が悪く
なっていると言える場合がある。

のグローバル拡大展開を積極的な設備投資で推進します。この製品と，モビリティ（移動用車両）用の多様な内外装加飾材を起点として，2040年，2050年に向けてEVの航続距離の延伸や自動運転，快適な移動空間の実現に取り組んでいきます。もう一つの「注力事業領域」である「メディカル・ヘルスケア関連」では，出版・包装・半導体等の事業で培った画像処理技術やカラーマネジメント技術，無菌・無酸素充填技術，ミクロ・ナノ造形技術や精密有機合成技術などを掛け合わせて，原薬製造，製剤，剤形変更，医療パッケージ製造などの製薬サポート事業を展開します。また，画像診断やオンライン診療などのスマートヘルスケア事業の拡大に努め，人々の健康寿命の延伸に貢献していきます。

　一方，競争の厳しい包装関連事業等では拠点の再編などによる収益性の改善・向上を図るとともに，DNP IB（InnovativeBarrier）フィルム等の独自製品や環境配慮包材の拡大による構造改革を進めます。

　具体的な施策としては，リチウムイオン電池用バッテリーパウチの米国拠点検討やバリアフィルム，環境配慮包材等のグローバル供給能力拡大のほか，メディカル・ヘルスケア関連では，社外のパートナーとのシナジー最大化などにも取り組んでいきます。

○エレクトロニクス部門

　当部門では，積極的な設備投資を推進するほか，コアバリューを活かした新製品開発や，社外のパートナーとのアライアンスによる半導体サプライチェーンへの提供価値拡大などにより事業を拡大していきます。

　当部門の「注力事業領域」の一つである「デジタルインターフェース関連」では，有機ELディスプレイ製造用メタルマスクやディスプレイ用光学フィルムなど，グローバルシェアNO．１の製品を中心に，技術革新の潮流を活かし，リアルとバーチャル，アナログとデジタルをつなぐことで新しい価値を創出していきます。もう一つの「注力事業領域」である「半導体関連」では，自動運転や遠隔教育・遠隔医療，クラウド環境やデータセンターなど，データ流通量がワールドワイドで飛躍的に増大するなかで，半導体サプライチェーン全体に不可欠なファインデバイスを開発・提供していきます。

〔2：財務戦略〕

　持続的な事業価値と株主価値の創出に向けて，財務の安定性を維持した上で，キャッシュを成長投資に振り向けるとともに，株主還元にも適切に配分していきます。

○キャッシュ・アロケーション戦略

　「注力事業領域」への積極的な投資と既存事業の効率化を推進することで，成長投資の原資となる営業キャッシュ・フローを安定的に創出していきます。資産効率の改善に向けて，政策保有株式の売却を加速し，遊休不動産の縮減に着実に取り組んでいきます。また，有利子負債の活用を含む，適切な資金調達方法を検討するなど，資金効率の最大化に努めていきます。

　創出したキャッシュは，「注力事業領域」に集中的に投資を行うとともに，経営基盤の構築に向けた投資にも配分していきます。長期にわたって企業活動を推進し，社会や人々に価値を提供していくために，成長投資の推進と株主還元のバランスを考慮した上で，株主還元にも積極的に配分していきます。

〔3：非財務戦略〕

○人的資本の強化

　DNPグループは，2022年に「人的資本ポリシー」を発表し，これに基づいて積極的に進めている「人への投資」をより明確に企業価値の向上に結びつけていくため，グローバルでの「人的創造性（付加価値生産性）」を飛躍的に高めていくことを目指し，以下の取り組みを進めていきます。

　価値創造に向けた社員のキャリア自律支援と組織力の強化に向けて，DNP版「よりジョブ型も意識した処遇と関連施策」を展開しており，複線型のポスト型処遇とキャリア自律支援に向けた人的投資，競争力の高い報酬水準・体系の維持・確保，組織開発の充実などを進めています。

　また，「DNPグループ健康宣言」に基づき，多様な個の強みを引き出すチーム力の強化とマネジメント改革に向けて，「DNP価値目標制度（DVO制度：DNP Value Objectives）」の浸透や組織のエンゲージメントを高める施策を展開し，社員の幸せ（幸福度）を高める健康経営を推進します。

　事業戦略に対する適材適所の実現については，タレントマネジメントシステ

(point) **対処すべき課題**

　有報のなかで最も重要であり注目すべき項目。今，事業のなかで何かしら問題があればそれに対してどんな対策があるのか，上手くいっている部分をどう伸ばしていくのかなどの重要なヒントを得ることができる。また今後の成長に向けた技術開発の方向性や，新規事業の戦略についての理解を深めることができる。

ムを活用したICT人材・DX人材のスキルレベルの可視化や，人材ポートフォリオに基づく採用・育成，人材再配置に必要となるリスキリングの強化を進めていきます。

　DNPグループはまた，多様な社員を活かし，一人ひとりの強みを掛け合わせることが価値の創出に欠かせないと考え，ダイバーシティ＆インクルージョン（D＆I）の推進に取り組んでいます。D＆I推進の基本方針である「多様な人材の育成」「多様な働き方の実現」「多様な人材が活躍できる風土醸成」の具現化に向けた施策を進めていきます。

○知的資本の強化

　DNP独自の強みと社外のパートナーとの連携を活かして，知的資本を強化していきます。

　研究開発の方針として，DNPがつくり出したい"より良い未来"の姿を描き，それを起点とした"未来シナリオ"を実現していくため，独自の技術を強化し，新製品・新サービスの開発・提供につなげていきます。「注力事業領域」を中心とした新規テーマの創出，基盤技術の強化と新製品開発，オープンイノベーションによる戦略的な技術の獲得と製品化・事業化などを推進していきます。また，ライフ＆ヘルスケアの領域を中心とした海外展開の加速や，海外マーケティング・研究開発の強化にも努めます。これまで多様な事業で獲得してきた特許等の知的資本の新製品・新サービスの開発への展開，社内外の強みを積極的に掛け合わせる組織風土の構築などにより，既存事業と新規事業の両方で新しい価値を創出していきます。

　DNPグループにとってのDXは，アナログとデジタル，リアルとバーチャル，モノづくりとサービスなど，両極端ともいえる強みを融合し，独自のビジネスモデルや価値を生み出すことだと位置付けています。この基本方針に沿って，新規事業の創出と既存事業の変革，生産性の飛躍的な向上，社内の情報基盤の革新などを進めていきます。

○環境への取り組み

　DNPグループは常に，事業活動と地球環境の共生を考え，環境問題への対応を重要な経営課題の一つに位置付けています。「価値創造（事業の推進）」と「基

盤強化」の両輪で環境課題の解決に取り組むことで,「脱炭素社会」「循環型社会」「自然共生社会」の実現に貢献していきます。

　「価値創造（事業の推進）」については，環境負荷の低減と事業の付加価値の向上をともに実現する事業ポートフォリオへの転換，環境をテーマとした新規事業の創出，低炭素材料・素材の開発・活用，製品単位のCO2排出量の算定と削減，循環型社会に向けたリサイクルスキームの構築，リサイクル材の活用促進などに取り組んでいきます。

　「基盤強化」では，環境負荷の見える化，再生可能エネルギーの導入，環境負荷を考慮した省エネ設備への投資，生産拠点の最適化，プラスチックを中心とした資源の効率的な利用，原材料のトレーサビリティの確保，生態系への負荷の低減などに取り組んでいきます。

〔4：ガバナンス〕

　DNPグループは，環境・社会・経済の急激な変化等，経営に大きな影響を与えるリスクを評価して中長期的な経営戦略に反映し，また，そのリスクを事業機会に転換していくプロセスの強化に取り組んでいます。

　この取り組みを一層加速させるため，2022年4月に代表取締役社長を委員長とする「サステナビリティ推進委員会」を始動させました。「サステナビリティ推進委員会」は，中期経営計画を実行していく過程で，環境・社会・経済の急激な変化をとらえて，適切に経営戦略に反映すべく，経営会議・取締役会に報告・提言していきます。

2　サステナビリティに関する考え方及び取組

　DNPグループのサステナビリティに関する考え方及び取り組みは，次のとおりであります。なお，文中の将来に関する事項は，当連結会計年度末現在においてDNPグループが判断したものであります。

(1)　ガバナンス

　DNPグループは，サステナブルな地球の上で初めて，健全な社会と経済，快適で心豊かな人々の暮らしが成り立つと捉えています。近年は特に，環境・社会・経済が急激に変化しており，経営に影響を与えるリスク（変動要素）もますます

多様かつ広範囲に及んでいます。

　このようななか，環境・社会・経済の持続可能性を高め，DNP グループ自身の持続的な成長をさらに推進していくため，2022 年 4 月に「サステナビリティ推進委員会」を代表取締役社長を委員長，代表取締役専務を副委員長とし，本社の各部門を担当する取締役・執行役員を委員として構成する体制に再編し，機能を強化しました。自然災害等の有事発生時でも社員の安全を確保して生産活動を維持していくための「BCM 推進委員会」と，社員のコンプライアンス意識の向上を図ってリスクの低減を図る「企業倫理行動委員会」と連携することで，全社的リスクを網羅し，柔軟で強靭なガバナンス体制を構築しています。

　サステナビリティ推進委員会は，サステナビリティに係る DNP グループの在り方を適切に経営戦略に反映していくことを目的として，年 2 回の定例開催を基本として必要に応じて適宜開催し，以下の内容の協議などを行い，取締役会に報告と提言を行います。

① 　サステナビリティに関する中長期的な経営リスク管理，事業機会の把握及び経営戦略への反映
② 　サステナビリティ活動方針の構築と各部門での実行の統括
③ 　サステナビリティに関する課題の掌握，目標・計画の策定，計画推進・活動状況の評価及び是正・改善
④ 　長期環境ビジョンの達成に向けた活動の推進

　取締役会は，当委員会で協議・決議された事項の報告・提言を受け，サステナビリティに関するリスク及び機会への対応方針並びに実行計画等について，審議・監督を行っています。

(2)　戦略 ···

　DNP グループは，「人と社会をつなぎ，新しい価値を提供する。」ことを企業理念に掲げ，持続可能なより良い社会，より心豊かな暮らしの実現に努めています。この理念に基づき，サプライチェーン全体を通じて，あらゆるリスクのマイナスの影響を抑えるとともに，プラスのインパクトをもたらす価値を生み出して，企業としての持続可能性と環境・社会・経済の持続可能性をともに高めていきま

す。特に事業活動のグローバル化が進むなかで，人権の尊重が今まで以上に重要になると認識しており，2020年3月に，「DNPグループ人権方針」を策定し，人権尊重のマネジメントを強化しました。サプライチェーン全体で人権に配慮した調達に取り組んでおり，リスク評価やトレーサビリティの確保など取り組みを進めています。

　事業活動を通じて，中長期的に新しい価値を創造し，サステナブルに成長していくためには，その基盤として財務・非財務の双方の資本を強化することが重要であり，「価値の創造」と「価値創造を支える基盤の強化」の両軸で，推進すべき重点テーマを定めています。非財務資本の強化では，ステークホルダーの関心や事業活動への影響の大きさ，影響を及ぼす可能性の観点から，特に注力すべき重要課題（マテリアリティ）として，人的資本・知的資本・環境への取り組みを加速させています。

① **人的資本の強化**

　価値創出の要であり，成長の原動力である「人的資本の強化」に関しては，「人的資本ポリシーに基づき人への投資を拡大する」という方針のもと，
　　・価値創造に向けた社員のキャリア自律支援と組織力の強化
　　・社員の幸せ（幸福度）を高める健康経営の推進
　　・人材ポートフォリオに基づく採用，注力分野への人材配置とリスキリングの
　　　展開
　　・多様な個を活かすダイバーシティ＆インクルージョンの推進
　を進めていきます。

　その為の人材育成方針として，社員一人ひとりが自律した個として主体的に必要な知識と技術を身につけ，最大限に自身の役割を果たし，自らの成長と自己実現を図ることができる人材の継続的な輩出を目指します。社内環境整備方針としては，ダイバーシティ宣言や健康宣言に基づき，多様な個人の強みを引き出す，チーム力や組織力の強化に向けてDVO制度によるチーム目標の設定や組織のエンゲージメントを高める施策などを推進していきます。

　これらの方針に基づく具体的な取り組みとして，「キャリア自律型」の仕組みであるDNP版「よりジョブ型も意識した処遇と関連施策」などを展開します。社員

は自律的にキャリアを描くなかで自らを磨き，会社は「価値創造に向けた社員の
キャリア自律」を支援していくことで，人的資本ポリシーに謳う「社会（社内・社
外）で活躍できる人財」の輩出を目指していきます。

こうした取り組みを通じて，人への投資を企業価値の向上に結び付けていく中
で，グローバルでの『人的創造性（付加価値生産性）』の飛躍的向上を実現してい
きます。

② **知的資本の強化**

DNPグループは，他社と差別化してグローバルな競争力を高めていくため，コ
アバリューである「P＆I」（印刷と情報）の独自の強みを進化・深耕させるととも
に，社外のパートナーとの連携を深めることで知的資本の充実を図っていきます。
研究開発の投資として，毎年300億円以上を投入しており，特に，注力事業領
域を中心に，知的資本を有効に掛け合わせて，製品化・事業化を加速させる取り
組みを強化しています。近年ではまた，事業の成長と生産性の革新の両面で「DX
（デジタルトランスフォーメーション）」を強力に推進しており，そのための技術
や人材の充実も図っています。重要な成長戦略の一つとして，社内のDX人材の
育成と必要な外部人材の獲得，パートナー企業との連携など，DXによる価値創
出のためのリソースをさらに拡充していきます。

こうした「事業の推進」，「技術・研究開発」とその活動を支える「知的財産の
戦略的獲得」を三位一体で強力に推進していきます。

③ **環境への取り組み**

DNPグループは常に，事業活動と地球環境の共生を考え，環境問題への対応
を重要な経営課題の一つに位置付けており，行動規範の中に「環境保全と持続可
能な社会の実現」を掲げています。近年特に，地球環境に対する負荷の低減が強
く求められるなか，サプライチェーン全体で環境を強く意識した活動を推進して
います。2020年3月には「DNPグループ環境ビジョン2050」を策定し，「脱炭
素社会」「循環型社会」「自然共生社会」の実現に向けた取り組みを加速させてい
ます。

特に気候変動対応を重要課題の一つに位置付けており，事業活動にともなう気
候変動リスクの抽出と長期リスクに対する戦略検討のため，シナリオ分析による

定性的・定量的な財務影響の評価・分析を実施しています。また，環境ビジョン2050に掲げる「脱炭素社会」の構築に向けて，グループ全体におけるGHG排出量（Scope1，2，3）を把握し，実績の分析に基づいて削減に取り組んでいます。具体的には，事業ポートフォリオの転換，省エネルギー活動の強化，再生可能エネルギーの導入などにより，自社拠点での事業活動にともなう温室効果ガス排出量を2050年までに実質ゼロにすることを目指すとともに，製品・サービスを通じて脱炭素社会の構築などに貢献していきます。また，「循環型社会」の実現に向けて，サプライチェーン全体で資源の効率的な循環利用を進めており，自社で生じるプラスチック不要物を中心に，マテリアルリサイクル・ケミカルリサイクルの取り組みを進め，資源循環率の向上に努めています。さらに，「自然共生社会」の実現に向け，サプライチェーン全体で生物多様性への影響の最小化と地域生態系への調和を目指しており，原材料調達のトレーサビリティ確保や生態系に配慮した事業所内の緑地づくりを進めています。

(3) リスク管理

DNPグループは，柔軟で強靭なガバナンス体制のもとに，変動要素（リスク）によるマイナスの影響を最小限に抑えるとともに，事業機会の拡大につなげるため，統合的なリスクマネジメントを推進しています。

環境・社会・経済に関するリスクと機会は，サステナビリティ推進委員会が年に1回以上特定し，評価・管理しています。また，事業計画や財務的影響，ステークホルダーの関心や環境・社会に与える影響の大きさ，発生可能性等の観点を踏まえ，活動の優先順位付けや目標の設定を行い，経営に反映させています。特に重要度や優先度が高いリスクについてはリスク管理部門を選定し，経営会議の協議を経て事業戦略・計画に反映され，各組織が中心となって対応しています。機会については，DNPグループ全体で重点テーマを管理し，戦略的な事業展開につなげています。

(4) 指標・目標

DNPグループは，サステナビリティに関する取り組みについて，的確な進捗管

理を可能とし，着実に実行するため，具体的な指標と目標を設定しています。これらの進捗状況は，サステナビリティ推進委員会のガバナンスにおいてモニタリングされています。

人的資本・知的資本・環境への取り組みについては，次の指標を用いております。

① **人的資本の強化**

DNP グループでは，上記「(2) 戦略」において記載した，人材の多様性の確保を含む人材の育成に関する方針及び社内環境整備に関する方針に係る指標については，当社においては，関連する指標のデータ管理とともに，具体的な取り組みが行われているものの，連結グループに属する全ての会社では行われてはいないため，連結グループにおける記載が困難であります。このため，次の指標に関する目標及び実績は，連結グループにおける主要な事業を営む提出会社のものを記載しております。

指標	目標	実績（当事業年度）
管理職に占める女性労働者の割合	2025年度末までに12%以上	8.4%
男性労働者の育児休業取得率	2025年度末までに100%達成	83.6%

② **知的資本の強化**

指標	目標	実績（当連結会計年度）
研究開発投資	年間300億円規模を継続	324億円
データマネジメント基盤の利用数	2025年度末までに6,000名に拡大	3,678名

③ **環境への取り組み**

指標	目標	実績見込み（当連結会計年度）
GHG排出量の削減(Scope 1＋2)	2050年度までに実質ゼロ、2030年度までに2015年度比40%削減	36.3%削減
資源循環率 (不要物に対するマテリアルリサイクル・ケミカルリサイクル比率)	2025年度までに2015年度比5ポイント改善 (2015年度51.7%→2025年度56.7%)	6.3pt改善 (58.0%)
水使用量の削減	2025年度までに2015年度比35%削減	38.6%削減
「印刷・加工用紙調達ガイドライン」適合率	2025年度までに98%、2030年度までに100%達成	95%
環境配慮製品・サービス「スーパーエコプロダクツ*」総売上高比率	2025年度までに10%に拡大	11.8%

＊　自社独自の基準により特定した環境配慮に優れた製品・サービス

(point) **事業等のリスク**

「対処すべき課題」の次に重要な項目。新規参入により長期的に価格競争が激しくなり企業の体力が奪われるようなことがあるため，その事業がどの程度参入障壁が高く安定したビジネスなのかなど考えるきっかけになる。また，規制や法律，訴訟なども企業によっては大きな問題になる可能性があるため，注意深く読む必要がある。

DNPグループは，地球環境の持続可能性を高め，健全な社会と経済，快適で豊かな人々の暮らしを実現していく新しい価値の創出に努めており，それによってDNP自身の持続的な成長を達成していきます。また，その実現に向けて，環境・社会・経済に関するさまざまな課題と，変動要素としてのリスクを正しく認識し，統合的なリスクマネジメントを行う取り組みに注力しています。これら事業環境の変化におけるリスクを，DNP独自の「P＆I」（印刷と情報）のコアバリューの進化・深耕によって成長機会への転換を推進しています。

有価証券報告書に記載した事業の状況，経理の状況等に関する事項のうち，連結会社の財政状態，経営成績及びキャッシュ・フローの状況に重要な影響を与える可能性があると認識している主要なリスクは，以下の通りです。

なお，文中の将来に関する事項は，当連結会計年度末現在においてDNPグループが判断したものであります。

（1） 環境関連のリスク ･･

○ あらゆる企業活動の土台となる地球環境の持続可能性に関連する変動要素
　・気候変動による自然災害の頻発・激甚化，渇水や洪水等水リスクの高まり
　・プラスチック汚染や生物多様性の損失の加速
○ 地球環境の危機に対する制度・ルールの変動
　・気候変動リスクや自然関連情報等の開示の強化，グローバル化
　・GHG排出量の規制強化，エネルギー関連施策の見直し，循環経済への移行の加速
　・環境負荷削減に資する製品・サービスの市場拡大，技術革新の加速　など

DNPグループは事業活動と地球環境の共生を絶えず考え，「DNPグループ環境ビジョン2050」に掲げる「脱炭素社会」「循環型社会」「自然共生社会」の実現に向けた取り組みを加速させています。例えば，自然災害等への対応としては，製造設備その他の主要施設に防火・耐震・水害対策等を施すとともに，製造拠点や原材料調達先の分散を図り，生産活動の停止や製品供給の混乱を最小化する事業継続計画（BCP）を策定し，その適切なマネジメント（BCM）を推進しています。

また，各種保険によるリスク移転も図っています。しかしながら，甚大な自然災害や感染症の流行など，社会インフラの大規模な損壊や機能低下，生産活動の停止につながるような予想を超える事態が発生した場合は，業績に大きな影響を与える可能性があります。

長期環境ビジョンの達成に向けて，DNPグループは中期目標を設定し，環境負荷の削減を計画的に進めています。しかしながら，GHG排出量削減のさらなる強化や脱石化製品への移行の加速，代替素材への切り替え要請の高まりによる削減目標の引き上げや製品仕様の見直し等によって，事業への影響や追加的措置が必要となる場合があり，企業活動に大きく影響する可能性があります。

またDNPグループの事業は，印刷用紙など森林資源由来の原材料調達や，製造工程で使用する水や再生可能エネルギーなど，さまざまな形で自然の恩恵を受けています。さらに，グローバルなサプライチェーンの構築など，社会と密接に関係しながら事業活動を展開しています。こうした状況をグループ全体で明確に認識し，環境の持続性を確保しつつ，社会とともに持続的に成長するため，サプライチェーン全体における環境負荷の把握・削減，トレーサビリティの確保を進めています。しかしながら，地球環境の急激な変動や生物多様性の損失の加速などによって，DNPが必要とする自然資本に想定以上の変動がある場合は，企業活動への影響が大きくなります。

国内外では，気候変動への対応や生物多様性の保全などに関する法的規制や国際規範の強化が進み，社会課題の解決に取り組む姿勢を重視して企業価値を判断する傾向がますます強まっています。特にカーボンニュートラルの実現や循環経済への移行は，緊急度と深刻度が増し，ネイチャーポジティブに向けた各種インフラや事業構造の変革がさらに強く求められています。DNPグループはこうした変化を先取りすることに加え，自ら主体的に変化を起こすことによって，価値創造と基盤強化の両輪で環境課題の解決に取り組みます。

(2) 社会関連のリスク

○ 人的資本と人権に関する変動要素
　・少子高齢化や労働力不足，雇用の流動化の加速

- ・多様な社会で生きる多様な人々の尊厳に関する課題の変化
- ・あらゆる人が心地よく生きるための諸条件の変化（心身の健康・安全・衛生など）
- ・サプライチェーン全体における人権リスク対応の重要性の高まり
○ 健全な社会の構築に向けた制度や市場動向の変動要素
- ・各国・地域の法制度・政治制度の変更，サプライチェーン上のリスク対応の強化
- ・地政学的リスク／カントリーリスクの拡大
- ・文化や制度・ルールの違いによる各種リスクの顕在化　など

　DNP グループは，「人的資本ポリシー」に基づき，社員の心理的安全性が高く健康で活力ある職場の実現に注力するほか，社員一人ひとりの状況に配慮した働き方を実現し，多様な強みを掛け合わせていく「ダイバーシティ＆インクルージョン（多様性と包摂）」の取り組みを推進しています。しかしながら，国内外の雇用情勢の急激な変化にともない，高い専門性を有する人材や，変化に柔軟に対応しながら業務を遂行できる人材の確保・育成ができない場合など，競争優位性の高い組織体制の構築が難しくなる可能性があります。

　近年は特に，海外での事業活動やグローバルに拡大するサプライチェーンに関して，多様な社会的・政治的・経済的変動要素が顕在化しています。世界各地での労働環境の適正化や人権への配慮がますます重要となるなか，「DNP グループ人権方針」に基づき，社会的責任を果たし続けていくことが，企業として長期的に発展していくための重要な基盤となります。それに対して，各国・地域や経済圏などで，人権デュー・デリジェンスの重要性の高まり等，社会関連の法律や規制の予期しない制定や変更，地政学的リスクやカントリーリスクの増大などが起きることによって，DNP グループの国内外の事業活動や原材料調達に支障が生じ，業績に影響を与える可能性があります。

　DNP グループは，果たすべき３つの責任として「価値の創造」「誠実な行動」「高い透明性（説明責任）」を掲げており，社員全員に対して企業倫理の浸透・徹底を図っています。すべての企業活動において法令等を守るだけでなく，高い倫理観

を持ち，常に公正・公平な態度で，社会の維持・発展に寄与することで，将来にわたって信頼を得るべく努めています。しかしながら昨今，ソーシャルネットワーキングサービス（SNS）の広がりを背景として，企業に対する批判的な評価や評判によって企業のレピュテーションが低下するような事案が国内外で発生する可能性があります。そのため，国内外のSNS等のモニタリングを行い，早期のリスク発見と適宜適切な対応に努めています。

（3）　経済関連のリスク ……………………………………………………………

○ 各国・地域とグローバルな市場における経済活動の短期および中長期の変動要素
　・ビジネスモデル／技術／製品・サービス等の開発の加速
　・デジタルトランスフォーメーション（DX）やグローバルネットワーク等の加速
　・各種経済指標の急激な変動（国内外の景気・業界動向・消費意欲・物価・為替・GDP他）
　・世界経済の地政学的要因によるバランスの変化や分断化
○ 経済活動の基盤となる制度や市場動向の変動要素
　・資本主義の見直し，バーチャルな経済圏の確立等による金融インフラの変動
　・情報インフラ関連の変動（GDPR等各種ルール・規制の強化／緩和，情報セキュリティへの脅威）　など

　DNPグループは，特定の業種に偏らない数万社の企業や，自治体・各種団体・生活者等と多様な事業活動を行っています。この強靭で安定的な事業基盤を強みにするとともに，オールDNPの強みの掛け合わせと，社外のパートナーとの連携を推進しながら成長牽引事業・新規事業からなる注力事業領域と長期間安定的にキャッシュを生み出す基盤事業を中心に価値の創出に努めています。しかしながら，国内外の景気や消費の動向などが想定以上に低迷した場合や，特に新興国での生産や需要の変化が大きい場合など，生産量の減少や単価の下落等によって業績が影響を受ける可能性があります。また，新規のビジネスモデルや技術，製品・サービスの開発において，さらなる競争の激化や変化に対する対応の遅れ，予想

（point）**財政状態，経営成績及びキャッシュ・フローの状況の分析**
　「事業等の概要」の内容などをこの項目で詳しく説明している場合があるため，この項目も非常に重要。自社が事業を行っている市場は今後も成長するのか，それは世界のどの地域なのか，今社会の流れはどうなっていて，それに対して売上を伸ばすために何をしているのか，収益を左右する費用はなにか，などとても有益な情報が多い。

を上回る商品サイクルの短期化，市場動向の変化などが業績に影響を与える可能性があります。戦略的な事業・資本提携や企業買収は，事業拡大の迅速化や効果の拡大に有効ですが，提携先・買収先等を取り巻く事業環境が悪化し，当初想定していたような相乗効果が得られない場合，業績に影響を与える可能性があります。

　原材料等の調達については，国内外の複数のメーカーから印刷用紙やフィルム材料を購入するなど，安定的な数量の確保と最適な調達価格の維持に努めています。しかしながら，地政学リスクの高まり，石油価格や為替の大幅な変動や新興国での急激な需要の増加，天然資源の枯渇，気候変動の影響，サプライチェーンにおける人権の問題などにより，需給バランスが崩れる懸念もあります。また為替相場については，現地生産化や為替予約などによって変動リスクをヘッジしていますが，これらの状況が急激に変動する場合には，業績に影響を与える可能性があります。

　また，事業活動において，世界規模のコンピュータネットワークなど情報システムを活用するなかで，ソフトウェアやハードウェアの不具合のほか，日々巧妙化・高度化するサイバー攻撃によるコンピュータウイルスへの感染，個人情報の漏えいなどの発生リスクが高まっており，更なる自社防御強化が必須です。DNPグループは，個人情報を含む重要情報の保護，つまり情報セキュリティを経営の最重要課題のひとつとして捉え，体制の強化や社員教育などを通じてシステムとデータの保守・管理に万全を尽くしていますが，万一，DNPグループのサプライヤーやパートナーにおいてサイバー攻撃による被害や重要情報に関連する事故などが発生した場合には，事業の停止等事業活動に影響を与える可能性があります。

　事業活動において自社が保有する知的財産やノウハウ等を適切に保護，管理，活用することが不可欠です。DNPグループでは，自らの技術・ノウハウ等の流出を防止するための管理を厳重に行っていますが，不測の事態による外部流出の可能性があります。一方で他者の知的財産を必要とする事業や製品開発において当該知的財産を利用できない場合，事業拡大や業績に影響を与える可能性があります。また，他者の知的財産権を尊重し，侵害しないよう対応していますが，他者から訴訟等を提起され，差止請求や損害賠償請求を受ける可能性があります。

4 経営者による財政状態，経営成績及びキャッシュ・フローの状況の分析

（1） 経営成績等の状況の概要 ···

当連結会計年度におけるDNPグループの状況の概要は次のとおりであります。

① 経営成績の状況 ··

当連結会計年度におけるDNPグループを取り巻く状況は，コロナ禍からの社会・経済活動の回復に加えて，人々の働き方や暮らしを変える取り組みが徐々に進みました。国内では特に，今年に入ってから規制等が緩和され，インバウンド需要も回復傾向にあるなど，緩やかな景気の持ち直しの動きが見られました。

一方で，地政学リスクの顕在化やグローバルサプライチェーンの不安定化などによって，原材料やエネルギーの価格，物流コストの上昇などが続きました。海外の多くの地域でも，インフレと金融引き締め等によって景気の減速が見られるなど，国内外の事業環境は厳しさを増しました。

こうした状況のなかで，DNPグループは，持続可能なより良い社会，より心豊かな暮らしの実現に向けた取り組みを強力に推進しました。DNP独自の「P＆I」（印刷と情報）の強みを掛け合わせる「P＆Iイノベーション」という事業ビジョンのもと，多くのパートナーとの連携も深めて，社会の課題を解決するとともに，人々の期待に応える新しい価値の創出に努めました。

当期は，特に高い収益性と市場成長性を見込んでいる「IoT・次世代通信」「データ流通」「モビリティ」「環境」関連のビジネスを「注力事業」と定めて，これらの事業に財務資本と人材や知的財産等の非財務資本を重点的かつ最適に配分し，多くの成果につなげてきました。

「IoT・次世代通信」関連では，第5世代移動通信システム（5G）の Sub6周波数帯に対応し，意匠性・耐候性・屈曲性に優れたフィルム型アンテナを開発しました。DNPの独自技術等を掛け合わせ，パターン設計から加工まで一貫した体制を構築して，早期の事業化を進めていきます。

「データ流通」関連では，2022年10月に，証明写真機「 Ki-Re-i」で撮影した顔写真データを活用した顔認証システムの提供を開始し，非接触での入退室管理と検温を同時に行うことで，セキュリティリスクと感染症リスクのワンストップでの軽減を可能にしました。また，同年12月には，株式会社読売新聞東京本社，

🔵 *point* 設備投資等の概要

セグメントごとの設備投資額を公開している。多くの企業にとって設備投資は競争力向上・維持のために必要不可欠だ。企業は売上の数％など一定の水準を設定して毎年設備への投資を行う。半導体などのテクノロジー関連企業は装置産業であり，技術発展のスピードが速いため，常に多額の設備投資を行う宿命にある。

SMN株式会社と業務提携し，各社で保有する新聞・雑誌等・テレビに接する生活者の行動データを組み合わせることで，より効果的な広告配信を実現するプラットフォーム「MediaX（メディアエックス）」のサービスを開始しました。

「モビリティ」関連では，環境負荷の低減やエネルギー効率の向上，より高い情報セキュリティや安全性・快適性が求められる「次世代のモビリティ社会」に向けた製品・サービスの開発に努めました。その一環で2023年2月には，配送管理の効率化等を目指し，MaaS（Mobility as a Service）を活用し，物流の最終拠点から生活者の手元まで配送物を届けるラストワンマイル物流の実証事業をフィリピン共和国で実施しました。

「環境」関連では，2022年10月に，DNPの多様な技術・ノウハウを掛け合わせ，企業の環境関連の課題解決に貢献する部門横断型の環境配慮デザインチーム「DNP GREEN PARTNER」を発足させました。環境と事業の長期にわたる共生を目指し，さまざまな課題の解決に向けたサービスを企業に提供していきます。

これらの「注力事業」に加え，競争力強化のための構造改革にグループ全体で取り組み，より強靱な事業ポートフォリオの構築を推進しました。長期的な成長を支える経営基盤の強化に向けて，デジタルトランスフォーメーション（DX）の推進による生産性の向上や情報基盤の強化，環境関連の取り組み，人材・人権関連の取り組みを加速させました。

DNPグループは引き続き，環境・社会・経済の変化に対応するだけではなく，自らが主体となってあらゆる変革を起こし，より良い未来をつくり出していきます。

これらの結果，当連結会計年度のDNPグループの売上高は1兆3,732億円（前期比2.2％増），営業利益は612億円（前期比8.3％減），経常利益は836億円（前期比3.0％増），親会社株主に帰属する当期純利益は856億円（前期比11.8％減）となりました。また，DNPグループが収益性指標の一つとしている自己資本利益率（ROE）は7.9％となりました。

セグメントごとの経営成績は，次のとおりであります。

(point) **主要な設備の状況**

「設備投資等の概要」では各セグメントの1年間の設備投資金額のみの掲載だが，ここではより詳細に，現在セグメント別，または各子会社が保有している土地，建物，機械装置の金額が合計でどれくらいなのか知ることができる。

〔印刷事業〕
(情報コミュニケーション部門)

　情報イノベーション事業は，POP（店頭販促ツール）・商業印刷物・ビジネスフォーム等の紙媒体が減少したものの，金融機関向けのICカードやマイナンバーカード，政府の経済対策案件のBPO（Business Process Outsourcing）事業等が増加し，全体で増収となりました。

　イメージングコミュニケーション事業は，主力の米国に加え，欧州・アジアの市場でも，写真の撮影・プリント用の部材とサービスが好調に推移し，増収となりました。

　出版関連事業は，雑誌等の紙媒体の市場縮小にともなう印刷受注減に加え，紙と電子の両方に対応したハイブリッド型総合書店「honto」が前年の巣ごもり需要からの反動の影響を受け，減収となりました。

　その結果，部門全体の売上高は7,202億円（前期比3.0％増）となりました。営業利益は，注力事業の売上増加や為替のプラス効果がありましたが，出版関連事業の減収のほか，原材料・エネルギー・物流関連のコスト上昇の影響を受け，267億円（前期比3.2％減）となりました。

(生活・産業部門)

　包装関連事業は，70年以上にわたって身近な食品・日用品等のパッケージを展開してきた強みを活かし，人々の暮らしをより心豊かなものにデザインしていく取り組みを強化しました。また，環境に対する人々の意識の高まりを受けて，「DNP環境配慮パッケージング GREEN PACKAGING」の開発・販売にも努めました。その結果，フィルムパッケージは数量が前年並みとなりましたが，価格転嫁が進み，プラスチック成型品も増加したことにより，当事業全体で増収となりました。

　生活空間関連事業は，国内の新設住宅着工戸数減少にともなって住宅用の内外装材が落ち込み，海外向けもインフレによる景気低迷の影響を受けて欧米市場を中心に減少しましたが，価格転嫁に努めたことによって前年並みとなりました。

　産業用高機能材関連事業は，国際的なインフレを背景にスマートフォンやノー

トPC等の需要低迷が続き，IT向けのリチウムイオン電池用バッテリーパウチが減少しました。一方，自動車の生産回復にともない車載向けのバッテリーパウチが増加したほか，太陽電池用の封止材が世界的な需要拡大によって増加し，当事業全体では前年並みを確保しました。

その結果，部門全体の売上高は4,002億円（前期比3.4％増）となりました。営業利益は，原材料やエネルギー等のコスト上昇分の価格転嫁にタイムラグが生じたことに加え，収益性の高い注力事業も伸び悩んだため，73億円（前期比45.8％減）となりました。

（エレクトロニクス部門）

ディスプレイ関連製品事業は，有機ELディスプレイ製造用メタルマスクが，スマートフォンの有機ELディスプレイ採用拡大にともなって堅調に推移しました。一方で光学フィルムが，国内の巣ごもり需要からの反動減や世界的な消費低迷によるサプライチェーン全体の在庫調整の影響で減少したため，当事業全体では減収となりました。

電子デバイス事業は，伸長していた半導体市場が減速し，これにより半導体パッケージ用部材のリードフレーム等が，一部で顧客企業の在庫調整の影響を受けて期の後半で減少しましたが，年間では前年を上回りました。また，半導体製造用フォトマスクも，顧客企業の製品開発向けの需要が堅調に推移し，当事業全体で増収となりました。

その結果，部門全体の売上高は2,035億円（前期比3.6％減）となりました。営業利益は，メタルマスクやフォトマスクなどの事業が伸長したことに加え，為替のプラス効果もあり，469億円（前期比1.0％増）となりました。

〔飲料事業〕
（飲料部門）

原材料価格や物流コストの上昇の影響にともない，大型PETボトル商品や小型パッケージ商品等の価格改定を実施しました。また，物価高騰にともなう生活者の節約志向に対応した"まとめ売り"企画や，SDGsへの意識の高まりを受け，環境にやさし

いラベルレス商品の展開などに注力しました。

　その結果，部門全体の売上高は，コンビニエンスストアでの販売が回復したほか，飲食店やネット販売の伸長もあり，516億円（前期比3.8％増）となりました。営業利益は，価格改定やコストダウンに努めましたが，原材料やエネルギー等の価格高騰の影響が大きく，6億円（前期比12.9％減）となりました。

② **財政状態の状況** ……………………………………………………………

　当連結会計年度末の資産，負債，純資産については，総資産は，投資有価証券の減少などにより，前連結会計年度末に比べ462億円減少し，1兆8,303億円となりました。

　負債は，補修対策引当金や繰延税金負債の減少などにより，前連結会計年度末に比べ460億円減少し，6,821億円となりました。

　純資産は，当期利益による増加や，自己株式の取得，剰余金の配当，その他有価証券評価差額金の減少などにより，前連結会計年度末に比べ1億円減少し，1兆1,482億円となりました。

③ **キャッシュ・フローの状況** ………………………………………………
（営業活動によるキャッシュ・フロー）

　営業活動によるキャッシュ・フローは，税金等調整前当期純利益1,197億円，減価償却費517億円などにより379億円の収入（前連結会計年度は820億円の収入）となりました。
（投資活動によるキャッシュ・フロー）

　投資活動によるキャッシュ・フローは，有形固定資産の取得による支出503億円などにより250億円の支出（前連結会計年度は392億円の支出）となりました。
（財務活動によるキャッシュ・フロー）

　財務活動によるキャッシュ・フローは，自己株式の取得による支出258億円，配当金の支払額171億円などにより524億円の支出（前連結会計年度は577億円の支出）となりました。

(point) **設備の新設，除却等の計画**

　ここでは今後，会社がどの程度の設備投資を計画しているか知ることができる。毎期どれくらいの設備投資を行っているか確認すると，技術等での競争力維持に積極的な姿勢かどうか，どのセグメントを重要視しているか分かる。また景気が悪化したときは設備投資額を減らす傾向にある。

④ 生産，受注及び販売の実績 ···

a. 生産実績

　当連結会計年度における生産実績をセグメントごとに示すと，次のとおりであります。

セグメントの名称	金額（百万円）	前期比（%）
情報コミュニケーション部門	461,434	+3.2
生活・産業部門	336,795	+7.8
エレクトロニクス部門	197,530	△2.6
飲料部門	31,398	+2.6
合　　計	1,027,158	+3.5

(注) 金額は販売価格によっており，セグメント間取引については相殺消去しております。

b. 受注実績

　当連結会計年度における受注状況をセグメントごとに示すと，次のとおりであります。

　なお，飲料部門においては，受注を主体とした生産を行っていないため，受注状況の記載を省略しております。

セグメントの名称	受注高（百万円）	前期比（%）	受注残高（百万円）	前期比（%）
情報コミュニケーション部門	592,695	+2.3	113,438	+1.1
生活・産業部門	404,184	+2.8	86,335	+6.5
エレクトロニクス部門	199,835	△7.7	32,409	△9.6
合　　計	1,196,715	+0.6	232,182	+1.4

(注) 金額は販売価格によっており，セグメント間取引については相殺消去しております。

c. 販売実績

　当連結会計年度における販売実績をセグメントごとに示すと，次のとおりであります。

セグメントの名称	金額（百万円）	前期比（%）
情報コミュニケーション部門	718,413	+3.1
生活・産業部門	399,626	+3.4
エレクトロニクス部門	203,573	△3.6
飲料部門	51,595	+3.8
合　　計	1,373,209	+2.2

(注) セグメント間取引については相殺消去しております。

(point) 株式の総数等

　発行可能株式総数とは，会社が発行することができる株式の総数のことを指す。役員会では，株主総会の了承を得ないで，必要に応じてその株数まで，株を発行することができる。敵対的 TOB では，経営陣が，自社をサポートしてくれる側に，新株を第三者割り当てで発行して，買収を防止することがある。

（2） 経営者の視点による経営成績等の状況に関する分析・検討 ·················

　経営者の視点によるDNPグループの経営成績等の状況に関する認識及び分析・検討内容は次のとおりであります。なお，文中の将来に関する事項は，当連結会計年度末現在において判断したものであります。

① 当連結会計年度の経営成績等の状況に関する認識及び分析・検討内容

　DNPグループの当連結会計年度の経営成績等は，売上高は，前連結会計年度（以下「前期」）に比べて290億円増加し，1兆3,732億円（前期比2.2％増）となりました。

　売上原価は，前期に比べて300億円増加して1兆812億円（前期比2.9％増）となり，売上高に対する比率は前期の78.2％から78.7％となりました。販売費及び一般管理費は，前期に比べて45億円増加して2,306億円（前期比2.0％増）となり，この結果，営業利益は前期に比べて55億円減少して612億円（前期比8.3％減）となりました。

　営業外収益は，受取配当金，持分法による投資利益の増加等により前期に比べて81億円増加して266億円（前期比43.9％増）となり，営業外費用は，寄付金の増加等により前期に比べて1億円増加して42億円（前期比4.3％増）となりました。この結果，経常利益は前期に比べて24億円増加して836億円（前期比3.0％増）となりました。

　特別利益は，退職給付制度改定益の減少等により，前期に比べて101億円減少して444億円（前期比18.5％減）となり，特別損失は，固定資産売却損，固定資産除却損の減少や，減損損失の増加等により前期に比べて5億円減少して84億円（前期比6.0％減）となりました。

　この結果，親会社株主に帰属する当期純利益は856億円（前期比11.8％減）となりました。

　DNPグループの経営成績に重要な影響を与えた要因は以下のとおりです。

　当連結会計年度におけるDNPグループを取り巻く状況は，コロナ禍からの社会・経済活動の回復に加えて，人々の働き方や暮らしを変える取り組みが徐々に進みました。国内では特に，今年に入ってから規制等が緩和され，インバウンド

（point） **連結財務諸表等**

　　ここでは主に財務諸表の作成方法についての説明が書かれている。企業は大蔵省が定めた規則に従って財務諸表を作るよう義務付けられている。また金融商品法に従い，作成した財務諸表がどの監査法人によって監査を受けているかも明記されている。

需要も回復傾向にあるなど，緩やかな景気の持ち直しの動きが見られました。一方で，地政学リスクの顕在化やグローバルサプライチェーンの不安定化などによって，原材料やエネルギーの価格，物流コストの上昇などが続きました。海外の多くの地域でも，インフレと金融引き締め等によって景気の減速が見られるなど，国内外の事業環境は厳しさを増しました。

　セグメントごとの財政状態及び経営成績の状況に関する認識及び分析・検討内容は，次のとおりです。

　情報コミュニケーション部門については，出版印刷物や商業印刷物の伸び悩みに加え，ハイブリッド型総合書店「honto」では，前年の巣ごもり需要からの反動の影響があったものの，イメージングコミュニケーション事業のほか，金融機関向けのICカードやマイナンバーカード，政府の経済対策案件のBPO事業等が増加した結果，部門全体の売上高は前期比3.0％増の7,202億円となりました。営業利益は，原材料・エネルギー・物流関連のコスト上昇の影響などによって，前期比3.2％減の267億円となりました。営業利益率は，前期の4.0％から0.3ポイント低下し，3.7％となりました。

　生活・産業部門については，包装関連事業は，フィルムパッケージは数量が前年並みとなりましたが，価格転嫁が進み，プラスチック成型品も増加したことにより，当事業全体で増収となりました。生活空間関連事業は，住宅用の内外装材が国内向け海外向けとも落ち込みましたが，価格転嫁に努めたことによって前年並みとなりました。産業用高機能材関連事業は，IT向けのリチウムイオン電池用バッテリーパウチが減少した一方で，車載向けのバッテリーパウチが増加したほか，太陽電池用の封止材も増加し，当事業全体では前年並みを確保しました。その結果，部門全体の売上高は前期比3.4％増の4,002億円となりました。営業利益は，原材料・エネルギー等のコスト上昇分の価格転嫁にタイムラグが生じたことや，注力事業の伸び悩みもあり，前期比45.8％減の73億円となりました。営業利益率は，前期の3.5％から1.7ポイント低下し，1.8％となりました。

　エレクトロニクス部門については，ディスプレイ関連製品事業は，有機ELディスプレイ製造用メタルマスクが，堅調に推移しましたが，光学フィルムが減少し

(point) **連結財務諸表**

　ここでは貸借対照表（またはバランスシート，BS），損益計算書（PL），キャッシュフロー計算書の詳細を調べることができる。あまり会計に詳しくない場合は，最低限，損益計算書の売上と営業利益を見ておけばよい。可能ならば，その数字が過去5年，10年の間にどのように変化しているか調べると会社への理解が深まるだろう。

たため，減収となりました。電子デバイス事業は，フォトマスクでは，顧客企業の製品開発向けの需要が堅調に推移したほか，半導体パッケージ用部材のリードフレーム等も，期の後半で減少しましたが，年間では前年を上回り，増収となりました。その結果，部門全体の売上高は前期比3.6％減の2,035億円となりました。営業利益は，メタルマスクやフォトマスクなどの事業が伸長したことに加え，為替のプラス効果もあり，前期比1.0％増の469億円となりました。営業利益率は，前期の22.0％から1.1ポイント上昇し，23.1％となりました。

　飲料部門については，コンビニエンスストアでの販売が回復したほか，飲食店やネット販売の伸長もあり，部門全体の売上高は前期比3.8％増の516億円となりました。営業利益は，価格改定やコストダウンに努めましたが，原材料やエネルギー等の価格高騰の影響が大きく，前期比12.9％減の6億円となりました。営業利益率は，前期の1.4％から0.2ポイント低下し，1.2％となりました。

　セグメント資産の状況については，情報コミュニケーション部門は前期末に比べて，654億円減少して8,177億円（前期末比7.4％減）となりました。
　生活・産業部門は前期末に比べて，53億円減少して4,533億円（前期末比1.2％減）となりました。
　エレクトロニクス部門は前期末に比べて，69億円増加して2,424億円（前期末比3.0％増）となりました。
　飲料部門は前期末に比べて，9億円減少して481億円（前期末比1.9％減）となりました。
　報告セグメント合計では前期末に比べて，647億円減少して1兆5,616億円（前期末比4.0％減）となりました。

② **キャッシュ・フローの状況の分析・検討内容並びに資本の財源及び資本の流動性に係る情報** ···
　DNPグループの当連結会計年度末の現金及び現金同等物は，前期末に比べ350億円減少し，2,583億円となりました。
　営業活動によるキャッシュ・フローは，税金等調整前当期純利益1,197億円，

減価償却費517億円などにより379億円の収入（前期は820億円の収入）となりました。

投資活動によるキャッシュ・フローは，有形固定資産の取得による支出503億円などにより250億円の支出（前期は392億円の支出）となりました。

財務活動によるキャッシュ・フローは，自己株式の取得による支出258億円，配当金の支払額171億円などにより524億円の支出（前期は577億円の支出）となりました。

a. 財務戦略の基本的な考え方

DNPグループは，社会課題を解決し，人々の期待に応える新しい価値の創出のため，成長領域を中心とした事業へ集中的に事業投資（研究開発投資，設備投資，戦略的提携やM＆A投資）を行うとともに，それらを支える人財投資に経営資源を投入していきます。そのほか，資本効率の向上，財務基盤の安定化と株主還元の実施など，さまざまな資本政策を総合的に勘案して推進していきます。

b. DNPグループの資本の財源

DNPグループは，主に営業活動により確保されるキャッシュ・フローにより，成長を維持・発展させていくために必要な資金を確保しております。設備投資資金などの資金需要については自己資金で賄うことを基本としておりますが，自己資金に加え，他人資本も活用し，成長投資資金を調達していきます。

c. DNPグループの経営資源の配分に関する考え方

DNPグループは，成長領域を中心とした注力事業への投資などを進めていきます。

重要な資本的支出の予定及びその資金の調達源泉等については，「第3　設備の状況　3　設備の新設，除却等の計画（1）新設等」に記載のとおりであります。

また，利益の配分については，「第4　提出会社の状況　3　配当政策」に記載のとおりであります。

③ **重要な会計上の見積り及び当該見積りに用いた仮定** ··························

　DNPグループの連結財務諸表は，わが国において一般に公正妥当と認められている会計基準に基づき作成しております。この連結財務諸表を作成するにあたって，資産，負債，収益及び費用の報告額に影響を及ぼす見積り及び仮定を用いておりますが，これらの見積り及び仮定に基づく数値は実際の結果と異なる可能性があります。

　連結財務諸表の作成にあたって用いた会計上の見積り及び仮定のうち，重要なものは「第5　経理の状況　1　連結財務諸表等 (1) 連結財務諸表注記事項（重要な会計上の見積り）」に記載しております。なお，新型コロナウイルス感染症の影響に関する会計上の見積りについては，「第5　経理の状況　1　連結財務諸表等 (1) 連結財務諸表注記事項（追加情報）」に記載のとおりであります。

設備の状況

1 設備投資等の概要

　DNPグループは，当連結会計年度において市谷地区の再開発のほか，戦略分野への重点投資などを実施し，資産計上ベースで780億円の設備投資を行いました。セグメントごとの概況は次のとおりであります。

（1） 情報コミュニケーション部門

　情報コミュニケーション部門における設備投資額は367億円でありました。

　主なものとしては，情報イノベーション事業では，決済サービスの事業拡大を図る基盤システムを引き続き強化するとともに，データ流通関連事業を支えるシステム基盤を強化しました。

（2） 生活・産業部門

　生活・産業部門における設備投資額は235億円でありました。

　主なものとしては，産業用高機能材関連事業では，需要拡大に対応してリチウムイオン電池用外装材の製造能力増強を図るため，引き続き生産設備の導入を進めました。

（3） エレクトロニクス部門

　エレクトロニクス部門における設備投資額は135億円でありました。主なものとしては，電子デバイス事業では，フォトマスクの最先端対応と生産増強を図るため，引き続き生産設備を導入しました。

（4） 飲料部門

　飲料部門における設備投資額は23億円でありました。北海道コカ・コーラボトリング（株）において，市場競争力強化のため，自動販売機等の販売機器の増設及び更新を図りました。

DNP グループにおける主要な設備は，以下のとおりであります。

（1） 提出会社 ·····

2023年3月31日現在

事業所名 （所在地）	セグメントの 名称	設備の内容	帳簿価額（百万円）						従業員数 （人）	摘要
			建物及び構築物	機械装置及び運搬具	土地 （面積千㎡）	リース資産	その他	合計		
榎町工場 （東京都新宿区）	情報コミュニケーション	商業印刷 関連製造設備	1,426	408	954 (11)	－	49	2,838	－	(注) 4
蕨工場 （埼玉県蕨市）	情報コミュニケーション	ビジネスフォーム 関連製造設備	2,138	27	693 (32)	－	1,579	4,439	－	(注) 4
鶴瀬工場 （埼玉県三芳町）	生活・産業	生活空間・ 産業用高機能材 関連製造設備	8,220	3,906	3,936 (70)	30	688	16,781	－	(注) 4
久喜工場 （埼玉県久喜市）	情報コミュニケーション	出版 関連製造設備	717	138	2,962 (91)	－	52	3,871	628	(注) 3
狭山工場 （埼玉県狭山市）	情報コミュニケーション 生活・産業	写真用資材・包装 関連製造設備	2,728	3,147	1,880 (75)	7	377	8,141	－	(注) 4
上福岡工場 （埼玉県ふじみ野市）	エレクトロニクス	電子デバイス 関連製造設備	2,670	3,000	77 (77)	1,223	378	7,351	－	(注) 4
柏工場 （千葉県柏市）	情報コミュニケーション 生活・産業	情報通信設備・ 包装関連製造設備	3,119	600	892 (39)	68	3,786	8,467	－	(注) 4
横浜工場 （横浜市都筑区）	生活・産業	包装 関連製造設備	2,141	2,508	811 (49)	－	182	5,642	－	(注) 4
牛久工場 （茨城県牛久市）	情報コミュニケーション	ビジネスフォーム 関連製造設備	1,562	11	4,132 (107)	17	284	6,008	－	(注) 4
宇都宮工場 （栃木県栃木市）	情報コミュニケーション 生活・産業	商業印刷・包装・ 医薬品原薬・ 機能性材料 関連製造設備	1,474	1,096	6,445 (196)	186	43	9,245	－	(注) 4
泉崎工場 （福島県泉崎村）	生活・産業	包装・産業用高機能材 関連製造設備	3,949	5,465	5,594 (377)	－	694	15,703	－	(注) 4
京田辺工場 （京都府京田辺市）	生活・産業	包装 関連製造設備	10,149	7,036	7,157 (121)	－	299	24,643	－	(注) 4
岡山工場 （岡山市北区）	情報コミュニケーション 生活・産業 エレクトロニクス	写真用資材・ 生活空間・ ディスプレイ 関連製造設備	6,048	3,814	2,970 (179)	84	650	13,567	－	(注) 4
三原工場 （広島県三原市）	エレクトロニクス	ディスプレイ 関連製造設備	7,160	4,506	4,254 (217)	－	410	16,333	－	(注) 4
坂出工場 （香川県坂出市）	生活・産業	包装 関連製造設備	130	1,658	－ 	3	109	1,902	－	(注) 4
戸畑工場 （北九州市戸畑区）	生活・産業	産業用高機能材 関連製造設備	6,848	2,998	－ 	－	251	10,098	－	(注) 4
筑後工場 （福岡県筑後市）	生活・産業	包装 関連製造設備	1,336	963	372 (45)	－	266	2,939	－	(注) 4
本社・営業部 （東京都新宿区）	情報コミュニケーション 生活・産業 エレクトロニクス	·営業設備等	66,031	906	28,328 (67)	121	8,445	103,833	5,239	(注) 3

(注) 1. 帳簿価額には建設仮勘定は含まれておりません。

　　 2. 帳簿価額のうち「その他」は工具器具備品及び無形固定資産（のれんを除く）の合計であります。

　　 3. 連結子会社へ貸与している資産が含まれております。

　　 4. 連結子会社へ貸与している資産であります。

5. 上記の他，リース契約等による賃借設備として，製版用機器並びに事務用コンピュータ及び事務機器等があります。

(2) 国内子会社 ···

会社名	事業所名 (所在地)	セグメントの 名称	設備の内容	帳簿価額（百万円）						従業員数 （人）
				建物及び 構築物	機械装置 及び 運搬具	土地 (面積千㎡)	リース 資産	その他	合計	
㈱DNPデータテクノ	蕨工場 (埼玉県蕨市)	情報コミュニケーション	ビジネスフォーム 関連製造設備	1	2,724	－	－	206	2,931	867
㈱DNPデータテクノ	牛久工場 (茨城県牛久市)	情報コミュニケーション	ビジネスフォーム 関連製造設備	0	1,972	－	－	53	2,025	546
㈱DNPデータテクノ	奈良工場 (奈良県川西町)	情報コミュニケーション	ビジネスフォーム 関連製造設備	0	1,675	－	－	185	1,860	600
ディー・ティー・ファインエレクトロニクス㈱	川崎工場 (川崎市幸区)	エレクトロニクス	電子デバイス 関連製造設備	885	4	－	1,390	30	2,309	137
ディー・ティー・ファインエレクトロニクス㈱	北上工場 (岩手県北上市)	エレクトロニクス	電子デバイス 関連製造設備	440	1,126	－	529	25	2,120	115
北海道コカ・コーラボトリング㈱	札幌工場 (札幌市清田区)	飲料	飲料 関連製造設備	1,569	3,784	1,174 (58)	8	14	6,549	(注) 3

(注) 1. 帳簿価額には建設仮勘定は含まれておりません。
2. 帳簿価額のうち「その他」は工具器具備品，無形固定資産（のれんを除く）の合計であります。
3. 北海道コカ・コーラボトリング（株）の札幌工場における従業員数は全て同社の連結子会社の従業員であるため，記載しておりません。

(3) 在外子会社 ···

会社名	事業所名 (所在地)	セグメントの 名称	設備の内容	帳簿価額（百万円）						従業員数 （人）
				建物及び 構築物	機械装置 及び 運搬具	土地 (面積千㎡)	リース 資産	その他	合計	
DNP Imagingcomm America Corporation	コンコード工場 (アメリカ)	情報コミュニケーション	写真用資材 関連製造設備	4,177	1,276	330 (18)	－	144	5,927	356
DNP Imagingcomm Asia Sdn. Bhd.	マレーシア工場 (マレーシア)	情報コミュニケーション	写真用資材 関連製造設備	1,136	451	－	－	298	1,885	204

(注) 1. 帳簿価額には建設仮勘定は含まれておりません。
2. 帳簿価額のうち「その他」は工具器具備品，無形固定資産（のれんを除く）及び使用権資産の合計であります。

3 設備の新設，除却等の計画

　当連結会計年度末現在において実施中及び計画中の重要な設備の新設，除却等の計画は以下のとおりであります。

（1）新設等 ···

会社名事業所名	所在地	セグメントの名称	設備の内容	投資予定額		資金調達方法	着手及び完成予定	
				総額（百万円）	既支払額（百万円）		着手	完成
提出会社鶴瀬工場	埼玉県三芳町	生活・産業	産業用高機能材関連製造設備	15,930	15,674	自己資金	2019年8月	2023年10月（注）1
提出会社黒崎工場	北九州市八幡西区	エレクトロニクス	ディスプレイ関連製造設備	18,200	4,478	自己資金	2022年4月	2025年4月（注）2
提出会社三原工場	広島県三原市	エレクトロニクス	ディスプレイ関連製造設備	13,000	0	自己資金	2023年4月	2025年4月

（注）1．2021年3月に一部の設備について稼働を開始しております。

　　　2．2024年4月に主要な設備について稼働開始を予定しております。

（2）除却等 ···

　経常的な設備の更新のための売却・除却を除き，重要な設備の売却・除却の計画はありません。

提出会社の状況

1 株式等の状況

(1) 株式の総数等 ···

① 株式の総数

種類	発行可能株式総数（株）
普通株式	745,000,000
計	745,000,000

② 発行済株式

種類	発行数		上場金融商品取引所名又は登録認可金融商品取引業協会名	内容
	事業年度末現在発行数（株）（2023年3月31日）	提出日現在発行数（株）（2023年6月29日）		
普通株式	292,240,346	292,240,346	東京証券取引所プライム市場	単元株式数は100株であります。
計	292,240,346	292,240,346	－	－

経理の状況

1. 連結財務諸表及び財務諸表の作成方法について ································

（1）　当社の連結財務諸表は，「連結財務諸表の用語，様式及び作成方法に関する規則」（1976年大蔵省令第28号）に基づいて作成しております。

（2）　当社の財務諸表は，「財務諸表等の用語，様式及び作成方法に関する規則」（1963年大蔵省令第59号。以下「財務諸表等規則」という。）に基づいて作成しております。

　　また，当社は，特例財務諸表提出会社に該当し，財務諸表等規則第127条の規定により財務諸表を作成しております。

2. 監査証明について ································

　　当社は，金融商品取引法第193条の2第1項の規定に基づき，連結会計年度（2022年4月1日から2023年3月31日まで）の連結財務諸表及び事業年度（2022年4月1日から2023年3月31日まで）の財務諸表について，アーク有限責任監査法人による監査を受けております。

3. 連結財務諸表等の適正性を確保するための特段の取組みについて ············

　　当社は，連結財務諸表等の適正性を確保するための特段の取組みを行っております。

　　具体的には，公益財団法人財務会計基準機構に加入し，同機構の行う研修に参加すること等で，会計基準等の内容を適切に把握し，会計基準等の変更等について的確に対応することができる体制を整備しております。

（1）【連結財務諸表】 ···

① 【連結貸借対照表】

（単位：百万円）

		前連結会計年度 （2022年3月31日）		当連結会計年度 （2023年3月31日）
資産の部				
流動資産				
現金及び預金	※1	287,334	※1	246,438
受取手形		46,635		46,780
売掛金		277,912		282,560
契約資産		298		421
有価証券		17,900		22,800
商品及び製品		80,385		85,026
仕掛品		30,980		33,890
原材料及び貯蔵品		30,255		35,946
その他		33,804		49,819
貸倒引当金		△693		△688
流動資産合計		804,813		802,995
固定資産				
有形固定資産				
建物及び構築物	※1	529,948	※1	555,484
減価償却累計額		△369,441		△373,274
建物及び構築物（純額）		160,506		182,209
機械装置及び運搬具		684,070		678,617
減価償却累計額		△613,240		△612,663
機械装置及び運搬具（純額）		70,830		65,954
土地	※1	139,573	※1	139,907
リース資産		15,638		14,859
減価償却累計額		△9,087		△7,735
リース資産（純額）		6,550		7,123
建設仮勘定		25,640		20,284
その他		112,733		115,097
減価償却累計額		△93,958		△94,148
その他（純額）		18,775		20,949
有形固定資産合計		421,875		436,429
無形固定資産				
のれん		2,317		2,423
ソフトウエア		23,556		26,109
その他		1,873		1,827
無形固定資産合計		27,747		30,360
投資その他の資産				
投資有価証券	※1,※2	410,266	※1,※2	341,215
退職給付に係る資産		166,130		174,781
繰延税金資産		11,770		7,749
その他	※2	36,002	※2	38,882
貸倒引当金		△1,957		△2,029
投資その他の資産合計		622,210		560,598
固定資産合計		1,071,834		1,027,389
資産合計		1,876,647		1,830,384

	前連結会計年度 （2022年3月31日）	当連結会計年度 （2023年3月31日）
負債の部		
流動負債		
支払手形及び買掛金	236,188	224,418
短期借入金	※1　33,990	※1　30,301
1年内返済予定の長期借入金	※1　2,567	※1　1,243
未払法人税等	10,051	10,492
賞与引当金	20,367	20,433
補修対策引当金	17,252	17,549
その他	※1,※4　85,689	※1,※4　94,131
流動負債合計	406,108	398,571
固定負債		
社債	102,500	100,000
長期借入金	※1　14,254	※1　13,772
リース債務	5,144	7,821
補修対策引当金	28,036	9,506
退職給付に係る負債	55,888	54,740
繰延税金負債	102,275	84,659
その他	※4　14,026	※4　13,066
固定負債合計	322,125	283,567
負債合計	728,233	682,139
純資産の部		
株主資本		
資本金	114,464	114,464
資本剰余金	145,143	145,112
利益剰余金	740,183	737,699
自己株式	△133,123	△88,212
株主資本合計	866,667	909,064
その他の包括利益累計額		
その他有価証券評価差額金	192,994	138,781
繰延ヘッジ損益	45	△21
為替換算調整勘定	4,220	14,143
退職給付に係る調整累計額	27,932	25,535
その他の包括利益累計額合計	225,193	178,439
非支配株主持分	56,552	60,741
純資産合計	1,148,413	1,148,245
負債純資産合計	1,876,647	1,830,384

② 【連結損益計算書及び連結包括利益計算書】

【連結損益計算書】

(単位：百万円)

	前連結会計年度 (自 2021年4月1日 至 2022年3月31日)	当連結会計年度 (自 2022年4月1日 至 2023年3月31日)
売上高	※1 1,344,147	※1 1,373,209
売上原価	1,051,218	1,081,284
売上総利益	292,928	291,924
販売費及び一般管理費	※2,※3 226,140	※2,※3 230,691
営業利益	66,788	61,233
営業外収益		
受取利息	277	449
受取配当金	3,836	8,566
持分法による投資利益	8,686	13,603
その他	5,751	4,076
営業外収益合計	18,552	26,695
営業外費用		
支払利息	735	700
寄付金	1,078	1,179
その他	2,277	2,387
営業外費用合計	4,091	4,267
経常利益	81,249	83,661
特別利益		
固定資産売却益	※4 7,133	※4 17,426
投資有価証券売却益	12,118	12,871
退職給付制度改定益	18,534	-
補修対策引当金戻入額	14,674	11,388
その他	2,118	2,788
特別利益合計	54,579	44,474
特別損失		
固定資産売却損	※5 1,772	※5 49
固定資産除却損	2,145	1,263
減損損失	※6 3,506	※6 6,286
その他	1,513	802
特別損失合計	8,938	8,402
税金等調整前当期純利益	126,890	119,733
法人税、住民税及び事業税	17,998	20,377
法人税等調整額	8,391	9,650
法人税等合計	26,389	30,028
当期純利益	100,501	89,704
非支配株主に帰属する当期純利益	3,319	4,011
親会社株主に帰属する当期純利益	97,182	85,692

【連結包括利益計算書】

（単位：百万円）

	前連結会計年度 （自 2021年4月1日 至 2022年3月31日）	当連結会計年度 （自 2022年4月1日 至 2023年3月31日）
当期純利益	100,501	89,704
その他の包括利益		
その他有価証券評価差額金	△9,044	△54,184
繰延ヘッジ損益	34	△74
為替換算調整勘定	7,552	7,457
退職給付に係る調整額	1,568	△2,895
持分法適用会社に対する持分相当額	3,157	3,025
その他の包括利益合計	※ 3,269	※ △46,672
包括利益	103,770	43,032
（内訳）		
親会社株主に係る包括利益	99,514	38,938
非支配株主に係る包括利益	4,255	4,093

③ 【連結株主資本等変動計算書】

前連結会計年度（自　2021年4月1日　至　2022年3月31日）

（単位：百万円）

	株主資本				
	資本金	資本剰余金	利益剰余金	自己株式	株主資本合計
当期首残高	114,464	145,024	683,784	△122,920	820,352
会計方針の変更による累積的影響額			25		25
持分法適用会社における会計方針の変更による累積的影響額			△3,355		△3,355
会計方針の変更を反映した当期首残高	114,464	145,024	680,454	△122,920	817,022
当期変動額					
剰余金の配当			△17,643		△17,643
親会社株主に帰属する当期純利益			97,182		97,182
非支配株主との取引に係る親会社の持分変動		118			118
持分法適用会社に対する持分変動に伴う自己株式の増減				0	0
自己株式の取得				△30,012	△30,012
自己株式の処分			△0	0	0
自己株式の消却			△19,809	19,809	-
株主資本以外の項目の当期変動額（純額）					
当期変動額合計	-	118	59,728	△10,202	49,644
当期末残高	114,464	145,143	740,183	△133,123	866,667

	その他の包括利益累計額					非支配株主持分	純資産合計
	その他有価証券評価差額金	繰延ヘッジ損益	為替換算調整勘定	退職給付に係る調整累計額	その他の包括利益累計額合計		
当期首残高	202,017	11	△5,082	26,678	223,624	54,636	1,098,613
会計方針の変更による累積的影響額							25
持分法適用会社における会計方針の変更による累積的影響額	△296	△0	3	△470	△763		△4,118
会計方針の変更を反映した当期首残高	201,720	11	△5,078	26,207	222,861	54,636	1,094,521
当期変動額							
剰余金の配当							△17,643
親会社株主に帰属する当期純利益							97,182
非支配株主との取引に係る親会社の持分変動							118
持分法適用会社に対する持分変動に伴う自己株式の増減							0
自己株式の取得							△30,012
自己株式の処分							0
自己株式の消却							-
株主資本以外の項目の当期変動額（純額）	△8,726	33	9,299	1,725	2,332	1,916	4,248
当期変動額合計	△8,726	33	9,299	1,725	2,332	1,916	53,892
当期末残高	192,994	45	4,220	27,932	225,193	56,552	1,148,413

当連結会計年度（自　2022年4月1日　至　2023年3月31日）

（単位：百万円）

	株主資本				
	資本金	資本剰余金	利益剰余金	自己株式	株主資本合計
当期首残高	114,464	145,143	740,183	△133,123	866,667
当期変動額					
剰余金の配当			△17,145		△17,145
親会社株主に帰属する当期純利益			85,692		85,692
持分法の適用範囲の変動			△465		△465
非支配株主との取引に係る親会社の持分変動		△30			△30
持分法適用会社に対する持分変動に伴う自己株式の増減				0	0
自己株式の取得				△25,864	△25,864
自己株式の処分			15	194	210
自己株式の消却			△70,581	70,581	－
株主資本以外の項目の当期変動額（純額）					
当期変動額合計	－	△30	△2,484	44,911	42,397
当期末残高	114,464	145,112	737,699	△88,212	909,064

	その他の包括利益累計額					非支配株主持分	純資産合計
	その他有価証券評価差額金	繰延ヘッジ損益	為替換算調整勘定	退職給付に係る調整累計額	その他の包括利益累計額合計		
当期首残高	192,994	45	4,220	27,932	225,193	56,552	1,148,413
当期変動額							
剰余金の配当							△17,145
親会社株主に帰属する当期純利益							85,692
持分法の適用範囲の変動							△465
非支配株主との取引に係る親会社の持分変動							△30
持分法適用会社に対する持分変動に伴う自己株式の増減							0
自己株式の取得							△25,864
自己株式の処分							210
自己株式の消却							－
株主資本以外の項目の当期変動額（純額）	△54,212	△66	9,922	△2,397	△46,754	4,188	△42,565
当期変動額合計	△54,212	△66	9,922	△2,397	△46,754	4,188	△168
当期末残高	138,781	△21	14,143	25,535	178,439	60,741	1,148,245

(point) 財務諸表

　この項目では，連結ではなく単体の貸借対照表と，損益計算書の内訳を確認することができる。連結＝単体＋子会社なので，会社によっては単体の業績を調べて連結全体の業績予想のヒントにする場合があるが，あまりその必要性がある企業は多くない。

④ 【連結キャッシュ・フロー計算書】

	前連結会計年度 （自 2021年4月1日 至 2022年3月31日）	当連結会計年度 （自 2022年4月1日 至 2023年3月31日）
営業活動によるキャッシュ・フロー		
税金等調整前当期純利益	126,890	119,733
減価償却費	51,154	51,769
減損損失	3,506	6,286
貸倒引当金の増減額（△は減少）	△853	38
退職給付に係る資産の増減額（△は増加）	△35,003	△16,958
退職給付に係る負債の増減額（△は減少）	3,851	3,641
持分法による投資損益（△は益）	△8,686	△13,603
のれん償却額	521	512
受取利息及び受取配当金	△4,114	△9,016
支払利息	735	700
投資有価証券売却損益（△は益）	△11,942	△12,810
投資有価証券評価損益（△は益）	742	337
固定資産除売却損益（△は益）	△3,168	△16,080
売上債権の増減額（△は増加）	2,461	△1,599
棚卸資産の増減額（△は増加）	△13,355	△11,085
仕入債務の増減額（△は減少）	7,882	△13,404
補修対策引当金戻入額	△14,674	△11,388
その他	△2,970	△8,197
小計	102,977	68,875
補修対策費用の支払額	△7,215	△6,844
特別退職金の支払額	△197	△141
法人税等の支払額	△13,535	△23,895
営業活動によるキャッシュ・フロー	82,028	37,993
投資活動によるキャッシュ・フロー		
定期預金の純増減額（△は増加）	4,502	1,492
有形固定資産の取得による支出	△53,614	△50,321
有形固定資産の売却による収入	8,120	19,813
投資有価証券の取得による支出	△1,571	△1,038
投資有価証券の売却による収入	14,747	14,903
連結の範囲の変更を伴う子会社株式の取得 による支出	△50	△1,743
無形固定資産の取得による支出	△12,206	△11,804
利息及び配当金の受取額	6,980	6,740
その他	△6,117	△3,063
投資活動によるキャッシュ・フロー	△39,208	△25,021

	前連結会計年度 （自 2021年4月1日 至 2022年3月31日）	当連結会計年度 （自 2022年4月1日 至 2023年3月31日）
財務活動によるキャッシュ・フロー		
短期借入金の純増減額（△は減少）	△3,350	△3,693
長期借入れによる収入	4,790	3,100
長期借入金の返済による支出	△2,009	△2,652
社債の償還による支出	△3,570	△1,050
連結の範囲の変更を伴わない子会社株式の取得 による支出	△878	－
連結の範囲の変更を伴わない子会社株式の売却 による収入	10	41
自己株式の取得による支出	△30,012	△25,864
子会社の自己株式の取得による支出	△847	△0
利息の支払額	△734	△698
配当金の支払額	△17,642	△17,142
非支配株主への配当金の支払額	△509	△592
その他	△2,997	△3,882
財務活動によるキャッシュ・フロー	△57,751	△52,435
現金及び現金同等物に係る換算差額	4,054	4,430
現金及び現金同等物の増減額（△は減少）	△10,877	△35,032
現金及び現金同等物の期首残高	304,223	293,361
非連結子会社との合併に伴う現金及び現金同等物の 増加額	15	－
現金及び現金同等物の期末残高	※ 293,361	※ 258,329

【注記事項】

（連結財務諸表作成のための基本となる重要な事項）

1．連結の範囲に関する事項 ··

（1） 連結子会社の数 107社 ···

　　連結子会社名は，「第1 企業の概況 4 関係会社の状況」に記載している
ため省略しております。

　　当連結会計年度より，新規設立等に伴い3社を新たに連結の範囲に含めてお
ります。

　　また，合併による消滅等に伴い12社を連結の範囲から除外しております。

（2） 主要な非連結子会社の名称等 ···

　　（株）DNPテクノリサーチ

（連結の範囲から除いた理由）

非連結子会社は，いずれも小規模であり，合計の総資産，売上高，当期純損益（持分に見合う額）及び利益剰余金（持分に見合う額）等は，いずれも連結財務諸表に重要な影響を及ぼしていないためであります。

2. 持分法の適用に関する事項 ……………………………………………………
（1）　持分法を適用した関連会社の数　19社 ……………………………………
　主要な持分法適用会社はBIPROGY（株），ブックオフグループホールディングス（株），教育出版（株），DICグラフィックス（株），Photronics DNP Mask Corporation，MK Smart Joint StockCompany，Photronics DNP Mask CorporationXiamenであります。

　当連結会計年度より，重要性が増したため，1社を新たに持分法の適用範囲に含めております。

　また，株式の売却等に伴い2社を持分法の適用範囲から除外しております。

（2）　持分法を適用していない非連結子会社及び関連会社のうち主要な会社の名
**　　称等** ………………………………………………………………………………
（株）DNPテクノリサーチ

（持分法を適用していない理由）

　持分法を適用していない非連結子会社及び関連会社は，それぞれ当期純損益（持分に見合う額）及び利益剰余金（持分に見合う額）等からみて，持分法の対象から除いても連結財務諸表に及ぼす影響が軽微であり，かつ全体としても重要性がないためであります。

（3）　持分法の適用の手続について特に記載する必要があると認められる事項 ……
　持分法適用会社のうち，決算日が連結決算日と異なる会社については，主として各社の事業年度に係る財務諸表を使用しております。

3. 連結子会社の事業年度等に関する事項 ……………………………………………
　連結子会社のうち，北海道コカ・コーラボトリング（株）他32社の決算日は12月31日，丸善CHIホールディングス（株）他19社の決算日は1月31日でありますが，連結財務諸表の作成にあたってはそれぞれ同日現在の財務諸表を使用

しております。

　また，(株) インテリジェントウェイブの決算日は6月30日，(株) モバイルブック・ジェーピー他1社の決算日は9月30日，DNP田村プラスチック (株) の決算日は10月31日，(株) DNP・SIG Combiblocの決算日は12月31日であり，それぞれ仮決算に基づく財務諸表を使用しております。上記の決算日または仮決算日と連結決算日との間に生じた重要な取引については，連結上必要な調整を行っております。

4. 会計方針に関する事項 ……………………………………………
(1) 重要な資産の評価基準及び評価方法 ………………………………
イ．有価証券
　　満期保有目的の債券
　　　償却原価法 (定額法)
　　その他有価証券
　　　市場価格のない株式等以外のもの
　　　　時価法
　　　　(評価差額は全部純資産直入法により処理し，売却原価は主として移動平均法により算定しております。)
　　　市場価格のない株式等
　　　　主として移動平均法による原価法
ロ．デリバティブ
　　主として時価法
ハ．棚卸資産
　　貸借対照表価額については，収益性の低下による簿価切下げの方法により算定しております。
　　　商品　　　　　　主として個別法による原価法
　　　製品・仕掛品　　主として売価還元法による原価法
　　　原材料　　　　　主として移動平均法による原価法
　　　貯蔵品　　　　　主として最終仕入原価法による原価法

(2) 重要な減価償却資産の減価償却の方法 ······································

イ．有形固定資産（リース資産及び使用権資産を除く）

　当社及び国内連結子会社は，主として定率法を採用しております。

　ただし，1998年4月1日以降に取得した建物（建物附属設備を除く）並びに2016年4月1日以降に取得した建物附属設備及び構築物については，定額法を採用しております。

　また，取得価額が10万円以上20万円未満の資産については，主として3年間で均等償却する方法を採用しております。

　在外連結子会社は，主として定額法を採用しております。

　なお，主な耐用年数は以下のとおりであります。

建物及び構築物　　　　2〜65年

機械装置及び運搬具　　2〜17年

ロ．無形固定資産（リース資産及び使用権資産を除く）

　主として定額法を採用しております。

　なお，自社利用のソフトウェアについては，主として社内における利用可能期間（5年）に基づく定額法を採用しております。

ハ．リース資産

　所有権移転ファイナンス・リース取引に係るリース資産

　　自己所有の固定資産に適用する減価償却方法と同一の方法を採用しております。

　所有権移転外ファイナンス・リース取引に係るリース資産

　　リース期間を耐用年数とし，残存価額を零とする定額法を採用しております。

ニ．使用権資産

　リース期間を耐用年数とし，残存価額を零とする定額法を採用しております。

(3) 重要な引当金の計上基準 ··

イ．貸倒引当金

　売上債権，貸付金等の貸倒損失に備えるため，一般債権については貸倒実績率により，貸倒懸念債権等特定の債権については個別に回収可能性を検討し，回収不能見込額を計上しております。

ロ．賞与引当金

　　従業員に対して翌連結会計年度に支給する賞与のうち，当連結会計年度に負
　担すべき支給見込額を計上しております。

ハ．補修対策引当金

　　一部の製品に生じた不具合に対して，今後必要と見込まれる補修対策費用を
　合理的に見積もり，支払見込額を計上しております。

(4)　退職給付に係る会計処理の方法 ･･

イ．退職給付見込額の期間帰属方法

　　退職給付債務の算定にあたり，退職給付見込額を当連結会計年度末までの
　期間に帰属させる方法については，給付算定式基準によっております。

ロ．数理計算上の差異及び過去勤務費用の費用処理方法

　　数理計算上の差異は，各連結会計年度の発生時における従業員の平均残存
　勤務期間以内の一定年数（主として9年）による定率法により計算した額をそ
　れぞれ発生の翌連結会計年度から費用処理しております。

　　過去勤務費用は，その発生時の従業員の平均残存勤務期間以内の一定年数
　（主として6年）による定額法により費用処理しております。

(5)　重要な収益及び費用の計上基準 ･･

　　当社及び連結子会社の顧客との契約から生じる収益に関する主要な事業におけ
　る主な履行義務の内容及び当該履行義務を充足する通常の時点（収益を認識する
　通常の時点）は以下のとおりであります。

イ．主要な事業における主な履行義務の内容

　　当社及び連結子会社の主な履行義務は，「情報コミュニケーション部門」，「生
　活・産業部門」，「エレクトロニクス部門」，「飲料部門」の各部門における，製
　品及び商品の販売，サービスの提供等であります。各部門における具体的な商
　材は「第1　企業の概況　3事業の内容」に記載のとおりであります。

ロ．当該履行義務を充足する通常の時点（収益を認識する通常の時点）

　　①　製品及び商品の販売（情報コミュニケーション，生活・産業，エレクトロ

ニクス部門）

　国内の製品及び商品の販売については，主に「収益認識に関する会計基準
の適用指針」第98項に定める代替的な取扱いを適用し，出荷時から当該製
品及び商品の支配が顧客に移転される時までの期間が通常の期間である場合
については，出荷基準で収益を認識しております。製品及び商品の輸出販売
については，顧客との契約に基づいた貿易条件により，当該製品及び商品に
対する危険負担が移転した時点で顧客が支配を獲得するため，当該時点で履
行義務が充足されると判断し，収益を認識しております。また，一部の連結
子会社（情報コミュニケーション部門）における店舗での商品販売について
は，顧客に商品を引き渡した時点で顧客が支配を獲得するため，当該時点で
履行義務が充足されると判断し，収益を認識しております。

②　サービスの提供（情報コミュニケーション，生活・産業，エレクトロニク
ス部門）

　サービスの提供については，履行義務が一時点で充足される場合には，サー
ビスの提供を顧客が検収した時点で，当該履行義務が充足されると判断し，
収益を認識しております。また，履行義務が顧客との契約により契約期間の
一定期間にわたり充足される場合には，時の経過に伴い当該履行義務が充足
されると判断し，契約期間にわたって均等按分し収益を認識しております。

③　飲料の販売（飲料部門）

　飲料の販売については，主として顧客に製品及び商品を引き渡した時点で
顧客が支配を獲得するため，当該時点で履行義務が充足されると判断し，収
益を認識しております。

(6)　**重要な外貨建の資産又は負債の本邦通貨への換算の基準** ⋯⋯⋯⋯⋯⋯⋯⋯

　外貨建金銭債権債務は，連結決算日の直物為替相場により円貨に換算し，換
算差額は損益として処理しております。なお，在外子会社等の資産及び負債は，
連結決算日の直物為替相場により円貨に換算し，収益及び費用は期中平均相場に
より円貨に換算し，換算差額は純資産の部における為替換算調整勘定及び非支配
株主持分に含めております。

(7)　重要なヘッジ会計の方法 ···

イ．ヘッジ会計の方法

　　繰延ヘッジ処理を採用しております。

　　なお，為替予約については振当処理の要件を満たしている場合は振当処理によっております。

ロ．ヘッジ手段とヘッジ対象

ヘッジ手段	ヘッジ対象
為替予約	外貨建売上債権，外貨建買入債務及び外貨建予定取引

ハ．ヘッジ方針

　　当社及び連結子会社の市場リスクに係る社内規程に基づき，為替変動リスクをヘッジしております。

ニ．ヘッジ有効性評価の方法

　　ヘッジ対象とヘッジ手段の相場変動又はキャッシュ・フロー変動の累計を比較し，両者の変動額等を基礎にして，ヘッジ有効性を評価しております。

(8)　のれんの償却方法及び償却期間 ·····································

　　のれんについては，20年以内のその効果の発現する期間にわたって定額法により償却することとしております。

(9)　連結キャッシュ・フロー計算書における資金の範囲 ·····················

　　手許現金，随時引き出し可能な預金及び容易に換金可能であり，かつ，価値の変動について僅少なリスクしか負わない取得日から3ヶ月以内に償還期限の到来する短期投資からなります。

（重要な会計上の見積り）

前連結会計年度（自　2021年4月1日　至　2022年3月31日）

1. 補修対策引当金 ···

(1) 当連結会計年度に計上した金額　　45,289百万円

(2) その他の情報

　　当社グループは，補修対策費用の引当金を認識しております。

　　この引当金は，一部の壁紙製品に生じた不具合に対して科学的検証・分析を実施し，将来に発生が見込まれる補修対策費用として，必要な金額を合理的に見積っております。

　　見積り計算は補修単価及び補修数量を基礎として行っておりますが，補修単価については，過去の補修工事価格を基に今後の人件費，材料費等の変動リスクを加味しております。また，補修数量については，対象となり得る製品の生産数量を基に今後補修が必要となる数量を見積っております。

　　このため，人件費，材料費等の価格変動，今後の不具合発生状況等によって影響を受ける可能性があります。実際の支払額が見積りと異なった場合，翌連結会計年度の連結財務諸表において認識する金額に重要な影響を与える可能性があります。

2. 繰延税金資産 ···

(1) 当連結会計年度に計上した金額　　49,580百万円

(2) その他の情報

　　繰延税金資産は，将来減算一時差異，繰越欠損金及び繰越税額控除に対して，事業計画等に基づく将来の課税所得等によって回収される可能性が高い範囲内で認識しており，その時期及び金額を合理的に見積り算定しております。

　　当社グループでは繰延税金資産の金額を算出するにあたって，取締役会により承認された事業計画を基礎として見積りを行っております。新型コロナウイルス感染症の収束時期及び経営環境への影響を正確には見通せない状況ですが，その影響は一定期間続くとの仮定に基づき会計上の見積りを行っております。

当連結会計年度の連結財務諸表に計上した金額の算出に用いた主要な仮定に変更が生じた場合，翌連結会計年度の連結財務諸表において認識する金額に重要な影響を与える可能性があります。

当連結会計年度（自　2022年4月1日　至　2023年3月31日）

1. 補修対策引当金 ···

（1）当連結会計年度に計上した金額　　27,056百万円

（2）その他の情報

　　当社グループは，補修対策費用の引当金を認識しております。

　　この引当金は，一部の壁紙製品に生じた不具合に対して科学的検証・分析を実施し，将来に発生が見込まれる補修対策費用として，必要な金額を合理的に見積っております。

　　見積り計算は補修単価及び補修数量を基礎として行っておりますが，補修単価については，過去の補修工事価格を基に今後の人件費，材料費等の変動リスクを加味しております。また，補修数量については，対象となり得る製品の生産数量を基に今後補修が必要となる数量を見積っております。

　　このため，人件費，材料費等の価格変動，今後の不具合発生状況等によって影響を受ける可能性があります。実際の支払額が見積りと異なった場合，翌連結会計年度の連結財務諸表において認識する金額に重要な影響を与える可能性があります。

2. 繰延税金資産 ···

（1）当連結会計年度に計上した金額　　42,579百万円

（2）その他の情報

　　繰延税金資産は，将来減算一時差異，繰越欠損金及び繰越税額控除に対して，事業計画等に基づく将来の課税所得等によって回収される可能性が高い範囲内で認識しており，その時期及び金額を合理的に見積り算定しております。

　　当社グループでは繰延税金資産の金額を算出するにあたって，取締役会が承認する事業計画を基礎として見積りを行っております。新型コロナウイルス感

染症や地政学リスクが及ぼす経営環境への影響を正確には見通せない状況ですが，その影響は一定期間続くとの仮定に基づき会計上の見積りを行っております。

　当連結会計年度の連結財務諸表に計上した金額の算出に用いた主要な仮定に変更が生じた場合，翌連結会計年度の連結財務諸表において認識する金額に重要な影響を与える可能性があります。

（表示方法の変更）
　（連結損益計算書関係）
　前連結会計年度において，独立掲記しておりました「特別損失」の「投資有価証券売却損」及び「投資有価証券評価損」は，金額的重要性が乏しくなったため，当連結会計年度より「その他」に含めて表示しております。この表示方法の変更を反映させるため，前連結会計年度の連結財務諸表の組替えを行っております。

　この結果，前連結会計年度の連結損益計算書において，「特別損失」に表示していた「投資有価証券売却損」175百万円，「投資有価証券評価損」742百万円，「その他」596百万円は，「その他」1,513百万円として組み替えております。

（会計上の見積りの変更）
　（補修対策引当金）
　当連結会計年度までに，想定している全ての補修数量の8割を超える工事を完了し，これまでの補修現場における人件費や材料費等の実績データに基づき，補修単価を見直した上で，改めて今後に発生が見込まれる補修対策費用の見積りを行いました。

　この結果，従来の見積り額との差額を「補修対策引当金戻入額」として特別利益に計上しております。これにより，当連結会計年度の税金等調整前当期純利益は11,388百万円増加しております。

（追加情報）
　（新型コロナウイルス感染症の影響に関する会計上の見積り）

当社グループは，繰延税金資産の回収可能性等の会計上の見積りについて，連結財務諸表作成時において入手可能な情報に基づき実施しております。

　なお，新型コロナウイルス感染症が事業に与える影響については，「第2事業の状況4経営者による財政状態，経営成績及びキャッシュ・フローの状況の分析」に記載のとおりでありますが，その影響は一定期間続くとの仮定に基づき会計上の見積りを行っております。

　これらの見積りについては，入手可能な情報を勘案し合理的に判断しておりますが，実際の結果は，見積り特有の不確実性があるため，これらの見積りと異なる場合があります。

(1) 【財務諸表】 ··

① 【貸借対照表】

(単位：百万円)

	前事業年度 （2022年3月31日）	当事業年度 （2023年3月31日）
資産の部		
流動資産		
現金及び預金	185,780	137,967
受取手形	※1 10,227	※1 9,451
電子記録債権	28,572	29,865
売掛金	※1 219,261	※1 219,098
契約資産	7	4
有価証券	17,900	22,500
商品及び製品	4,291	3,927
仕掛品	8,853	11,736
原材料及び貯蔵品	1,543	2,121
前払費用	4,404	4,628
その他	※1 18,771	※1 30,696
貸倒引当金	△356	△340
流動資産合計	499,255	471,656
固定資産		
有形固定資産		
建物	121,876	146,743
構築物	5,792	6,108
機械及び装置	48,988	46,137
車両運搬具	203	154
工具、器具及び備品	7,436	8,549
土地	117,079	116,641
リース資産	835	1,861
建設仮勘定	21,610	13,912
有形固定資産合計	323,822	340,110
無形固定資産		
特許権	53	46
借地権	745	745
ソフトウェア	16,602	18,282
その他	427	391
無形固定資産合計	17,828	19,466
投資その他の資産		
投資有価証券	342,041	262,615
関係会社株式	139,809	139,435
関係会社出資金	1,578	1,524
長期前払費用	1,347	1,266
前払年金費用	84,785	95,220
その他	※1 16,938	※1 11,306
貸倒引当金	△6,949	△2,788
投資その他の資産合計	579,551	508,581
固定資産合計	921,202	868,157
資産合計	1,420,458	1,339,813

		前事業年度 （2022年3月31日）		当事業年度 （2023年3月31日）
負債の部				
流動負債				
支払手形	※1	12,404	※1	10,806
買掛金	※1	196,380	※1	200,699
リース債務		308		522
未払金	※1	41,466	※1	42,927
未払費用	※1	17,118	※1	16,125
契約負債		2,848		3,031
前受金		22		13
預り金	※1	217,801	※1	182,228
賞与引当金		8,906		8,502
役員賞与引当金		258		261
補修対策引当金		17,252		17,549
設備関係支払手形		526		845
その他		1,778		276
流動負債合計		517,074		483,789
固定負債				
社債		100,000		100,000
リース債務		536		1,429
資産除去債務		-		1,136
長期未払金		5,370		5,370
退職給付引当金		10,568		12,403
補修対策引当金		28,036		9,506
繰延税金負債		81,922		64,500
その他		60		25
固定負債合計		226,493		194,370
負債合計		743,567		678,159
純資産の部				
株主資本				
資本金		114,464		114,464
資本剰余金				
資本準備金		144,898		144,898
資本剰余金合計		144,898		144,898
利益剰余金				
利益準備金		23,300		23,300
その他利益剰余金				
固定資産圧縮積立金		17		16
別途積立金		232,780		232,780
繰越利益剰余金		104,142		98,086
利益剰余金合計		360,240		354,183
自己株式		△133,093		△88,182
株主資本合計		486,509		525,363
評価・換算差額等				
その他有価証券評価差額金		190,381		136,289
評価・換算差額等合計		190,381		136,289
純資産合計		676,890		661,653
負債純資産合計		1,420,458		1,339,813

② 【損益計算書】

（単位：百万円）

	前事業年度 （自 2021年4月1日 至 2022年3月31日）	当事業年度 （自 2022年4月1日 至 2023年3月31日）
売上高	※1 934,186	※1 928,084
売上原価	※1 797,877	※1 796,836
売上総利益	136,308	131,247
販売費及び一般管理費		
給料及び手当	32,063	32,128
賞与引当金繰入額	5,895	5,600
退職給付費用	△2,342	△2,216
減価償却費	6,668	6,909
研究開発費	32,162	31,462
その他	55,168	58,174
販売費及び一般管理費合計	※1 129,615	※1 132,058
営業利益又は営業損失（△）	6,693	△810
営業外収益		
受取利息	※1 96	※1 91
受取配当金	※1 43,861	※1 50,227
設備賃貸料	※1 30,492	※1 31,273
その他	※1 6,880	※1 3,081
営業外収益合計	81,331	84,675
営業外費用		
支払利息	※1 374	※1 368
設備賃貸費用	23,768	24,664
その他	1,883	2,017
営業外費用合計	26,025	27,051
経常利益	61,999	56,813
特別利益		
固定資産売却益	6,251	13,841
投資有価証券売却益	12,117	12,869
退職給付制度改定益	9,545	－
補修対策引当金戻入額	14,674	11,388
その他	2,101	192
特別利益合計	44,691	38,292
特別損失		
固定資産売却損及び除却損	3,605	1,090
減損損失	2,769	4,116
関係会社株式評価損	5,600	－
その他	790	564
特別損失合計	12,765	5,770
税引前当期純利益	93,925	89,334
法人税、住民税及び事業税	880	860
法人税等調整額	6,016	6,820
法人税等合計	6,896	7,680
当期純利益	87,029	81,653

③ 【株主資本等変動計算書】

前事業年度（自　2021年4月1日　至　2022年3月31日）

（単位：百万円）

	株主資本								
	資本金	資本剰余金		利益剰余金					
		資本準備金	資本剰余金合計	利益準備金	その他利益剰余金				利益剰余金合計
					固定資産圧縮積立金	別途積立金	繰越利益剰余金		
当期首残高	114,464	144,898	144,898	23,300	18	232,780	54,597		310,695
会計方針の変更による累積的影響額							△31		△31
会計方針の変更を反映した当期首残高	114,464	144,898	144,898	23,300	18	232,780	54,566		310,664
当期変動額									
固定資産圧縮積立金の取崩					△1		1		－
剰余金の配当							△17,643		△17,643
当期純利益							87,029		87,029
自己株式の取得									
自己株式の処分							△0		△0
自己株式の消却							△19,809		△19,809
株主資本以外の項目の当期変動額（純額）									
当期変動額合計	－	－	－	－	△1	－	49,576		49,575
当期末残高	114,464	144,898	144,898	23,300	17	232,780	104,142		360,240

	株主資本		評価・換算差額等		純資産合計
	自己株式	株主資本合計	その他有価証券評価差額金	評価・換算差額等合計	
当期首残高	△122,890	447,167	199,445	199,445	646,612
会計方針の変更による累積的影響額		△31			△31
会計方針の変更を反映した当期首残高	△122,890	447,136	199,445	199,445	646,581
当期変動額					
固定資産圧縮積立金の取崩		－			－
剰余金の配当		△17,643			△17,643
当期純利益		87,029			87,029
自己株式の取得	△30,012	△30,012			△30,012
自己株式の処分	0	0			0
自己株式の消却	19,809	－			－
株主資本以外の項目の当期変動額（純額）			△9,063	△9,063	△9,063
当期変動額合計	△10,202	39,372	△9,063	△9,063	30,308
当期末残高	△133,093	486,509	190,381	190,381	676,890

当事業年度（自　2022年4月1日　至　2023年3月31日）

（単位：百万円）

	株主資本								
	資本金	資本剰余金		利益剰余金					
		資本準備金	資本剰余金合計	利益準備金	その他利益剰余金				利益剰余金合計
					固定資産圧縮積立金	別途積立金	繰越利益剰余金		
当期首残高	114,464	144,898	144,898	23,300	17	232,780	104,142		360,240
当期変動額									
固定資産圧縮積立金の取崩					△1		1		－
剰余金の配当							△17,145		△17,145
当期純利益							81,653		81,653
自己株式の取得									
自己株式の処分							15		15
自己株式の消却							△70,581		△70,581
株主資本以外の項目の当期変動額（純額）									
当期変動額合計	－	－	－	－	△1	－	△6,056		△6,057
当期末残高	114,464	144,898	144,898	23,300	16	232,780	98,086		354,183

	株主資本		評価・換算差額等		純資産合計
	自己株式	株主資本合計	その他有価証券評価差額金	評価・換算差額等合計	
当期首残高	△133,093	486,509	190,381	190,381	676,890
当期変動額					
固定資産圧縮積立金の取崩		－			－
剰余金の配当		△17,145			△17,145
当期純利益		81,653			81,653
自己株式の取得	△25,864	△25,864			△25,864
自己株式の処分	194	210			210
自己株式の消却	70,581	－			
株主資本以外の項目の当期変動額（純額）			△54,091	△54,091	△54,091
当期変動額合計	44,911	38,854	△54,091	△54,091	△15,237
当期末残高	△88,182	525,363	136,289	136,289	661,653

【注記事項】
（重要な会計方針）
1．有価証券の評価基準及び評価方法 ・・・
（1）　子会社株式及び関連会社株式 ・・・
　　　移動平均法による原価法

（2）　その他有価証券 ・・・
①　市場価格のない株式等以外のもの
　　　時価法
　　　（評価差額は全部純資産直入法により処理し，売却原価は移動平均法により算
　　　定しております。）
②　市場価格のない株式等
　　　移動平均法による原価法

2．デリバティブの評価基準 ・・
　　　時価法

3．棚卸資産の評価基準及び評価方法 ・・・
　　　貸借対照表価額については，収益性の低下による簿価切下げの方法により算定
　　しております。
　　　商品　　　　　個別法による原価法
　　　製品・仕掛品　売価還元法による原価法
　　　原材料　　　　移動平均法による原価法
　　　貯蔵品　　　　最終仕入原価法による原価法

4．固定資産の減価償却の方法 ・・・
（1）　有形固定資産（リース資産を除く）・・
　　　定率法
　　　　ただし，1998年4月1日以降に取得した建物（建物附属設備を除く）並びに

2016年4月1日以降に取得した建物附属設備及び構築物については，定額法を採用しております。また，取得価額が10万円以上20万円未満の資産については，3年間で均等償却する方法を採用しております。

（2） 無形固定資産（リース資産を除く）
定額法

なお，自社利用のソフトウェアについては，社内における利用可能期間（主として5年）に基づく定額法を採用しております。

（3） リース資産
所有権移転ファイナンス・リース取引に係るリース資産

自己所有の固定資産に適用する減価償却方法と同一の方法を採用しております。
所有権移転外ファイナンス・リース取引に係るリース資産

リース期間を耐用年数とし，残存価額を零とする定額法を採用しております。

5．引当金の計上基準
（1） 貸倒引当金
売上債権，貸付金等の貸倒損失に備えるため，一般債権については貸倒実績率により，貸倒懸念債権等特定の債権については個別に回収可能性を検討し，回収不能見込額を計上しております。

（2） 賞与引当金
従業員に対して翌事業年度に支給する賞与のうち，当事業年度に負担すべき支給見込額を計上しております。

（3） 役員賞与引当金
役員に対して翌事業年度に支給する賞与のうち，当事業年度に負担すべき支給見込額を計上しております。

（4） 退職給付引当金 ··

　従業員の退職給付に備えるため，当事業年度末における退職給付債務及び年金資産の見込額に基づき計上しております。

① 退職給付見込額の期間帰属方法

　退職給付債務の算定にあたり，退職給付見込額を当事業年度末までの期間に帰属させる方法については，給付算定式基準によっております。

② 数理計算上の差異及び過去勤務費用の費用処理方法

　数理計算上の差異は，各事業年度の発生時における従業員の平均残存勤務期間以内の一定年数（9年）による定率法により計算した額をそれぞれ発生の翌事業年度から費用処理しております。

　過去勤務費用は，その発生時の従業員の平均残存勤務期間以内の一定年数（6年）による定額法により費用処理しております。

　なお，当事業年度において，確定給付企業年金制度につきましては，年金資産が退職給付債務を上回っているため，前払年金費用として貸借対照表の投資その他の資産に計上しております。

（5） 補修対策引当金 ··

　一部の製品に生じた不具合に対して，今後必要と見込まれる補修対策費用を合理的に見積もり，支払見込額を計上しております。

6. 収益及び費用の計上基準 ··

　当社の主要な事業における主な履行義務の内容及び当該履行義務を充足する通常の時点（収益を認識する通常の時点）は以下のとおりであります。

　国内の製品及び商品の販売については，主に「収益認識に関する会計基準の適用指針」第98項に定める代替的な取扱いを適用し，出荷時から当該製品及び商品の支配が顧客に移転される時までの期間が通常の期間である場合については，出荷基準で収益を認識しております。製品及び商品の輸出販売については，顧客との契約に基づいた貿易条件により，当該製品及び商品に対する危険負担が移転した時点で顧客が支配を獲得するため，当該時点で履行義務が充足されると判断

し，収益を認識しております。

　サービスの提供については，履行義務が一時点で充足される場合には，サービスの提供を顧客が検収した時点で，当該履行義務が充足されると判断し，収益を認識しております。また，履行義務が顧客との契約により契約期間の一定期間にわたり充足される場合には，時の経過に伴い当該履行義務が充足されると判断し，契約期間にわたって均等按分し収益を認識しております。

7. その他財務諸表作成のための重要な事項 ·······································
　（退職給付に係る会計処理）
　退職給付に係る未認識数理計算上の差異及び未認識過去勤務費用の会計処理の方法は，連結財務諸表におけるこれらの会計処理の方法と異なっております。

（重要な会計上の見積り）
前事業年度（自　2021年4月1日　至　2022年3月31日）
1. 補修対策引当金 ··
(1) 当当事業年度に計上した金額　　45,289百万円
(2) その他の情報
　　当社は，補修対策費用の引当金を認識しております。
　　この引当金は，一部の壁紙製品に生じた不具合に対して科学的検証・分析を実施し，将来に発生が見込まれる補修対策費用として，必要な金額を合理的に見積っております。
　　見積り計算は補修単価及び補修数量を基礎として行っておりますが，補修単価については，過去の補修工事価格を基に今後の人件費，材料費等の変動リスクを加味しております。また，補修数量については，対象となり得る製品の生産数量を基に今後補修が必要となる数量を見積っております。
　　このため，人件費，材料費等の価格変動，今後の不具合発生状況等によって影響を受ける可能性があります。実際の支払額が見積りと異なった場合，翌事業年度の財務諸表において認識する金額に重要な影響を与える可能性があります。

2. 繰延税金資産 ··

(1) 当事業年度に計上した金額　　27,240百万円

(2) その他の情報

　　繰延税金資産は, 将来減算一時差異, 繰越欠損金及び繰越税額控除に対して, 事業計画等に基づく将来の課税所得等によって回収される可能性が高い範囲内で認識しており, その時期及び金額を合理的に見積り算定しております。

　　当社では繰延税金資産の金額を算出するにあたって, 取締役会により承認された事業計画を基礎として見積りを行っております。新型コロナウイルス感染症の収束時期及び経営環境への影響を正確には見通せない状況ですが, その影響は一定期間続くとの仮定に基づき会計上の見積りを行っております。

　　当事業年度の財務諸表に計上した金額の算出に用いた主要な仮定に変更が生じた場合, 翌事業年度の財務諸表において認識する金額に重要な影響を与える可能性があります。

当事業年度（自　2022年4月1日　至　2023年3月31日）

1. 補修対策引当金 ··

(1) 当事業年度に計上した金額　　27,056百万円

(2) その他の情報

　　当社は, 補修対策費用の引当金を認識しております。

　　この引当金は, 一部の壁紙製品に生じた不具合に対して科学的検証・分析を実施し, 将来に発生が見込まれる補修対策費用として, 必要な金額を合理的に見積っております。

　　見積り計算は補修単価及び補修数量を基礎として行っておりますが, 補修単価については, 過去の補修工事価格を基に今後の人件費, 材料費等の変動リスクを加味しております。また, 補修数量については, 対象となり得る製品の生産数量を基に今後補修が必要となる数量を見積っております。

　　このため, 人件費, 材料費等の価格変動, 今後の不具合発生状況等によって影響を受ける可能性があります。

　　実際の支払額が見積りと異なった場合, 翌事業年度の財務諸表において認識

する金額に重要な影響を与える可能性があります。

2. 繰延税金資産 ···

(1) 当事業年度に計上した金額　　23,613百万円

(2) その他の情報

　　繰延税金資産は, 将来減算一時差異, 繰越欠損金及び繰越税額控除に対して, 事業計画等に基づく将来の課税所得等によって回収される可能性が高い範囲内で認識しており, その時期及び金額を合理的に見積り算定しております。

　　当社では繰延税金資産の金額を算出するにあたって, 取締役会が承認する事業計画を基礎として見積りを行っております。新型コロナウイルス感染症や地政学リスクが及ぼす経営環境への影響を正確には見通せない状況ですが, その影響は一定期間続くとの仮定に基づき会計上の見積りを行っております。

　　当事業年度の財務諸表に計上した金額の算出に用いた主要な仮定に変更が生じた場合, 翌事業年度の財務諸表において認識する金額に重要な影響を与える可能性があります。

（表示方法の変更）

　（損益計算書）

　前事業年度において, 独立掲記しておりました「特別損失」の「投資有価証券売却損」及び「投資有価証券評価損」は, 金額的重要性が乏しくなったため, 当事業年度より「その他」に含めて表示しております。この表示方法の変更を反映させるため, 前事業年度の財務諸表の組替えを行っております。

　この結果, 前事業年度の損益計算書において, 「特別損失」に表示していた「投資有価証券売却損」166百万円, 「投資有価証券評価損」575百万円, 「その他」48百万円は, 「その他」790百万円として組み替えております。

（会計上の見積りの変更）

　（補修対策引当金）

　当事業年度までに, 想定している全ての補修数量の8割を超える工事を完了し,

これまでの補修現場における人件費や材料費等の実績データに基づき，補修単価を見直した上で，改めて今後に発生が見込まれる補修対策費用の見積りを行いました。

　この結果，従来の見積り額との差額を「補修対策引当金戻入額」として特別利益に計上しております。これにより，当事業年度の税引前当期純利益は11,388百万円増加しております。

（追加情報）
　（新型コロナウイルス感染症の影響に関する会計上の見積り）
　連結財務諸表「注記事項（追加情報）」に記載の内容と同一のため，記載を省略しております。

第2章

メディア業界の "今" を知ろう

企業の募集情報は手に入れた。しかし，それだけでは
まだ不十分。企業単位ではなく，業界全体を俯瞰する
視点は，面接などでもよく問われる重要ポイントだ。
この章では直近1年間のメディア業界を象徴する重大
ニュースをまとめるとともに，今後の展望について言
及している。また，章末にはメディア業界における有
名企業（一部抜粋）のリストも記載してあるので，今
後の就職活動の参考にしてほしい。

▶▶創るって，たのしい！

メディア 業界の動向

「メディア」とは情報媒体を意味し，それにまつわる業種を指す。
新聞・テレビ・出版・印刷・広告・映画・音楽などの業種がある。

❖ 広告の動向

　広告は，テレビ，新聞，雑誌，ラジオの「マスコミ4媒体」と，インターネット，屋外広告や交通広告，折込チラシといったプロモーションメディアで構成されている。2022年の日本の総広告費は7兆1021億円と前年を上回った。「マスコミ4媒体」の合算広告費は約2.3兆円。それに対してネット広告費は3兆円を超える。両者のパワーバランスは完全に逆転している。

　広告業界において，国内最大手の電通がネット広告の不正請求や社員の過労自殺など，不祥事で注目を集め，社会的にも大きな話題となった。そのため，電通は2017年以降，労働環境の改善に向け，長時間残業の禁止，人員増強やデジタル分野での人材育成，顧客向けのマーケティングツールの開発に多額に経費を計上するなど，働き方改革を進めている。こういった電通の対応から，広告業界全体の意識にも変化が起こっている。博報堂DYでは専門部署を設置したりシステムによる業務の効率化を推進，アサツーディ・ケイ（ADK）も有給休暇の取得促進，在宅勤務の実施など，労働環境の改善に取り組んでいる。

●急成長するネット広告，双方向な情報発信も

　広告媒体の勢力図はインターネットの普及によって，大きく変わっている。これまで主流だったテレビ・新聞・雑誌・ラジオのマスコミ4媒体に変わり，スマートフォンや動画などのインターネット広告が広告業界を牽引していくことになる。

　ネット広告では，消費者の反応（クリック率）をリアルタイムで把握した

り，ターゲット別に個別の広告枠を表示させたりすることが可能なため「いかに消費者のニーズに合った情報を届けるか」という観点から，アドテクノロジーが日々進化している。複数のメディアの広告枠を一元で管理する「アドネットワーク」や，アドネットワークを自由に売買できる仕組み「アドエクスチェンジ」の登場によって，広告配信上のルールが整い，工数も削減されてきている。広告枠の仕入れ販売を行うメディアレップ（媒体代理店）やネット広告代理店も好況で，さらなる成長が期待されている。

　また，SNSの普及により，ネットは旧来の一方通行型から，双方向な情報発信が可能な媒体になった。多くのフォロワーを持つカリスマブロガーやYouTuberは，発信する情報が大きな宣伝効果を持つ。彼らは「インフルエンサー」と呼ばれ，企業側も彼らの口コミを販促活動に利用するようになっている。しかしその一方で，宣伝であることを隠すステルスマーケティング（ステマ）などでトラブルになるケースも増えている。近年では，広告収入を目的に作られる悪質なフェイクニュースも話題となっており，メディアとしてのインターネットの信頼性が問われている。

　順風満帆のネット広告だが，ひとつの懸念事項として「クッキー」規制がある。米GoogleはGoogle Chrome上において，広告のターゲッティングに使用されてきたクッキーの使用を22年から禁止することを発表した。個人情報保護規制の対応をうけての措置だが，精緻なターゲッティングや効果測定ができにくくなる恐れがあり，業界各社は対応に追われている。

●プロモーションメディアの電子化にも注目

　街頭の看板，駅ナカのポスターなど，従来は紙媒体が中心だったプロモーションメディアで，デジタルサイネージ（電子看板）広告に対する関心が高まっている。デジタルサイネージは，屋外や店頭，交通機関などの公共施設内で，ディスプレイなどの電子機器を使用して情報発信するシステムをいう。ネットワークへの対応も可能で，表示情報をリアルタイムでコントロールできるため，短期間の広告で取り替えの手間がかからない，1カ所で複数の広告を切り替え表示できるといった利点がある。とくに動画を表示できる点は，これまでの紙媒体に対して大きなアドバンテージとなっている。

　デジタルサイネージでは，単に固定の情報を表示・発信するだけでなく，たとえばカメラを内蔵して前を通る人の年齢や性別を識別し，それに合わせて広告内容を変えることもできる。一例を挙げると，2015年にドラマ「デスノート」の宣伝として渋谷に設置されたデジタルサイネージでは，画面の

前に人が立つと，顔認証システムを利用して主人公の月が立った人の似顔絵を描き，Lがプロファイリングをするという趣向で，連日行列ができるなど大きな話題となった。このような仕組みは，その場で訴求できる人数は少数だが，内容によってはSNSによる拡散，集客が見込める。デジタルサイネージによる顔認証，タッチ式デジタルサイネージによる双方向コミュニケーション，スマホアプリによるプロモーションといったデジタルメディアの活用は今後も増えていくことが予想される。

●大手，海外M&Aを加速

　電通は，2013年に英国の広告会社イージス・グループを4000億円で買収して以降，グローバル化を進行中で，同社のネットワークを活かして，M&A案件の情報を収集。2013年に12社，2014年には24社，2015年は34社，2016年は45社と，買収の規模も拡大しており，2014年から2017年までの買収案件は計134件で，2017年には売上総利益に占める海外事業構成比が58.8％にまで高まっている。また，2016年9月に米データマーケティング企業，2017年4月には米デジタルパフォーマンスマーケティング会社，12月には米BtoBデジタルマーケティング会社，2018年に入っても世界規模でデジタルエージェンシー6社を買収するなど，デジタル領域の投資が目立っており，売上総利益におけるデジタル領域の比率は50％を超えている。

　佐藤可士和や箭内道彦など，著名なクリエイターを多数輩出してきた博報堂は，緻密なマーケティングに基づいた広告展開を得意としている。2014年にM&Aを行う新たな戦略事業組織「kyu」を立ち上げ，専門マーケティングサービス企業をグループ内に取り込むことを成長戦略として活動している。2017年1月にはカナダのコンサルティング会社ビーイーワークスを，2018年4月にはデジタル広告でビッグデータを使ったマーケティングに強い米ケプラーグループを買収している。また，アジアにおいては，2017年2月にアジア太平洋地域での事業展開を加速させるため，シンガポールのインテグレーテッド・コミュニケーションズ・グループ（ICG）を子会社化した。続いて，2018年1月にはベトナムとミャンマーで事業展開しているスクエアコミュニケーションズを，4月にはフィリピンで広告・マーケティングツールの開発会社を買収している。

　広告世界最大手WPPグループと1998年に資本・業務提携をしたADKだが，2017年10月，20年に渡る同社との提携解消を発表した。提携による明確なシナジー（相乗効果）を出せなかったことや，WPPの要求により純利

益以上の高額な株式配当を続けたことが提携解消の理由だと推測される。11月には米投資ファンドのベインキャピタルが実施するTOB（株式公開買い付け）によって同ファンドの傘下に入り，2018年3月に株式上場廃止となった。その後は，WPPのような特定の事業パートナーにとらわれることなく，多様な企業と連携し，抜本的な改革に取り組むという。

❖ 印刷の動向

　印刷には，書籍や雑誌などの出版印刷，チラシやカタログ，ポスターといった商業印刷のほか，包装紙などのパッケージ印刷，帳票などの事務用印刷がある。インターネットの普及に伴って，出版印刷での印刷需要は低下している。

　苦しい状況のなかで，凸版印刷，大日本印刷という大手2社はこれまでに培った印刷技術を転用して，半導体や太陽光電池部材，液晶カラーフィルターなどの新しい分野に進出したほか，ITなどのデジタル領域にも参入するなど，多分野での収益確立を目指している。凸版印刷は，出版社のフレーベル館，東京書籍を傘下に収めたほか，電子書籍ストア「BookLive!」の運営を行っている。また，包装材の分野では，2016年4月に100億円を投じて，米ジョージア州に透明バリアフィルムの工場を新設した。欧米や今後市場の成長が見込まれる中南米などに向けて，最高品質なフィルムの提供を強化している。このほか，企業の入力作業や事務処理を受託するBPO（Business Process Outsourcing）事業においても，グループとして高い実績を誇っている。子会社のトッパン・フォームズは，マイナンバー関連業務を大幅に簡易化するシステム「PASiD」を販売しており，凸版印刷も2016年からNTTデータと協業し，保険業界向けマイナンバー収集業務を開始している。

　大日本印刷もまた，大手書店の丸善，ジュンク堂を傘下におさめ，古本最大手ブックオフへ出資，電子書籍サイト「honto」の運営のほか，清涼飲料事業も手掛けている。2017年10月には，中国に半導体用フォトマスクの製造工場を新設し，5年間で約180億円を投資する。「honto」は本の通販と電子書籍を連携したサービスを展開していたが，2024年3月末をもって本の通販サービスを終了することを発表した。

●大手2社はVR，ARへも進出

　仮想現実（VR）や拡張現実（AR）がエンタテイメント分野だけでなく，ビジネス分野でも利用され始めていることを受け，大手2社はそれぞれ，VRやARにも力を入れている。凸版印刷は，システィーナ礼拝堂や兵馬俑（彩色），熊本城，東大寺大仏など建築物をはじめとする文化財をVR化した「トッパン VR・デジタルアーカイブ」を公開しており，空間や立体構造物のデジタル化に力を入れている。ARでは，専用のマーカーをスマートフォンで読み取ると，カメラに写っている実際の映像に3DCGや動画などを重ねたコンテンツが表示される「AReader」といった無料のスマホアプリを開発。観光ガイドアプリ「旅道」では，提携した観光地で設置されたARマーカーにスマートフォンのカメラをかざすと観光案内が多言語で楽しめるサービスも展開している。

　大日本印刷も2017年3月から本格的にVR事業に参入した。VRコンテンツの制作のほか，パノラマVR制作技術や"VR美術館"システムなど，コンテンツ制作技術の開発も行っている。また，スマートフォンをはめこんでVRコンテンツを楽しめる紙製ヘッドマウントディスプレイ（HMD）の事業では，VR映像へのリアルな没入感を高める新フィルムも開発，ゲーム機器やモバイルメーカーに提供している。ARについては，店内に設置されたタブレット端末に商品をかざすと，外国語に翻訳されたパッケージが端末に表示される店頭用のシステムを開発している。

❖ 映画・テレビの動向

　映画業界では，東宝・東映・松竹の3社が制作と配給で大きな力を持っている。2020年は「劇場版『鬼滅の刃』無限列車編」が大ヒットとなったが，2021年もアニメが業界を牽引。東宝，東映，カラーの共同配給作品であった「シン・エヴァンゲリオン劇場版」は102.8億円の興行収入を記録し，年内首位の作品となった。2022年もアニメ作品のヒット作が続き「ONE PIECE FILM RED」「劇場版 呪術廻戦 0」「すずめの戸締り」など，興行収入100億円を超える作品が相次いだ。

　映画会社は，興行収入のほかにDVDなどのメディアやテレビ放映権などの2次利用まで含めて，安定して利益が得られる仕組みになっている。また，大手3社は都内に不動産も所有しており，その収益が映画事業を支える部分

も大きい。東宝の場合，収益構成は映画が6割程度で，4割は不動産となっている。

　一方，テレビでは，どれだけ見られているかを示す「総世帯視聴率」が年々下落している。ネットやスマートフォンの普及で若者のテレビ離れが進んでおり，各局は「見逃し番組」などのネットでの配信サービスに注力している。民放各局は2015年10月，共同でテレビポータルサイト「TVer（ティーバー）」を開設し，放送後のネット配信をスタートした。しかし，提供番組数の少なさやジャンルの偏りなど，課題も多い。NHKも，テレビ放送を同じ時間にインターネットでも見られる「常時同時配信」サービスを開始している。しかし，このサービスには，地方局の経営圧迫や受信料の問題など課題も多いうえに，放送法の改正も必要であり，民放各社は反発を強めている。

● Apple TV+，Hulu，Netflix，Amazon，AbemaTV，VOD動画配信サービスで激戦

　独自のコンテンツを有料で配信するVOD（Video On Demand＝動画配信）も，続々と始まっている。VODサービスでは，利用者は観たいときにコンテンツを視聴でき，映像の一時停止や巻き戻し，早送りなども可能なため，これまでのレンタルビデオに取って代わるサービスとして利用者が増えている。2022年は巣籠もり需要が一服，国内市場規模は前年比15％増の5305億円となった。

　Hulu（フールー）は，2011年に米国から日本へ進出し，ネットに接続したテレビやPC，スマホなどでドラマやアニメが定額で見放題になるサービスを提供してきたが，2014年2月，日本テレビがHuluを買収して子会社化し，事業を継続している。2006年から動画レンタルサービスを開始していたAmazonも，2011年，プライム会員であれば5000本の映画とテレビ番組が見放題となる定額動画サービスAmazonプライム・ビデオを開始した。2017年7月には，TBS・テレビ東京・WOWOW・日本経済新聞社・電通・博報堂の6社がVODの新会社を設立し，2018年4月より動画配信サービス「Paravi（パラビ）」を開始した。内容は，ドラマ，バラエティなど，テレビ番組が中心となっている。そのほか，世界中で1億人超えの会員を抱える米Netflix（ネットフリックス），Jリーグと10年間の放映権を締結するなどスポーツに特化したダ・ゾーン（英パフォームグループ）といった海外からの参入もあり，ケーブルTV局も含めた競争が激化している。

　そして2019年11月からは，米アップルの「Apple TV+」をスタートさせた。

ハリウッド顔負けの制作・俳優陣を揃え，先行者をどれほど脅かせるか注目が集まっている。

また，VODではないが，2015年，テレビ朝日はサイバーエージェントと組んで無料のインターネットテレビ「AbemaTV」を開設，2016年よりサービスを開始した（一部有料のVODもあり）。元SMAPの3人による72時間生放送や，将棋の藤井聡太四段の対局を生中継するなど，数々の話題を提供している。

動画配信の利用者増を踏まえ，国内電機メーカーも，テレビのリモコンに主要動画配信サービス用のボタンを用意。テレビがネットに接続されていれば，ボタンを押すだけですぐにサービスが視聴できる製品も販売されている。

❖ 音楽の動向

2022年の音楽市場規模は，3073億円と前年をわずかに上回った。コロナ禍で音楽活動が完全にストップしたが，音楽配信やライヴ市場が回復基調を見せている。

●世界の潮流は「ストリーミング」に

日本では音楽ソフト販売が依然多数を占めるが，世界の音楽ビジネスは定額制の聞き放題「ストリーミング」にシフトしている。音楽ストリーミングサービスの世界最大手，スウェーデンの「Spotify（スポティファイ）」の有料会員は1億9500万人を超える。2022年現在，サービス展開国数は183の国と地域，楽曲数が5,000万曲以上あり，日本では2016年9月から配信がスタートしている。Spotifyの特徴は，定額サービスのほかに，広告つき無料プランがあることで，2017年の広告収入は約541億円だった。同社は，2018年2月にニューヨーク証券取引所に上場申請し，4月に上場を果たしている。日本ではこのほか，Apple Music，Amazonプライムミュージック，Google Play Musicなどが配信サービスを行っている。

国内企業では，エイベックス・グループとサイバーエージェントが手掛ける「AWA」，ソニー・ミュージックエンタテインメントとエイベックス・デジタルが中心となって立ち上げた「LINE MUSIC」などが，いずれも2015年からストリーミング配信を開始している。

●世界的にアナログレコードの人気再燃

市場としては小規模だが，アナログレコードの人気が再燃している。2009年ごろには約2億円まで落ち込んだ国内レコード市場が，2017年には19億円にまで回復した。このブームを受けて，ソニー・ミュージックエンタテインメントは，2018年3月にアナログレコードの自社生産を29年ぶりに再開した。このトレンドは世界中で起こっており，レコード市場は，2020年に13億米ドルの価値に達した。今後，2021年から2026年の間に年平均で6.8%の成長を見せると予想されている。

❖ 出版の動向

出版科学研究所によると，2022年の紙の出版物の販売額は前年比7%減の1兆1292億円。とくに漫画の減少幅が18%と大きかった。一方，電子市場は前年比8%増の5013億円まで拡大した。

長引く出版不況のなか，流通の面にも厳しい状況が現れており，2016年には取次中堅の太洋社が倒産し，その影響で芳林堂書店をはじめ15の書店が廃業に追い込まれた。また，大阪屋と栗田出版販売も合併し，大阪屋栗田になるなど，業界の再編が進んでいる。さらに，ネット通販のAmazonは，取次を介さず，出版社から直接本を仕入れる取引を始めており，電子書籍の伸長とあわせ，各取次も紙媒体以外への展開を迫られている。全国の書店数も年々減っており，2000年には22296店あったが，2020年には11024店と，4割以上も少なくなっている。また，地域に新刊本を扱う書店がない自治体も全国で増えており，全国で420の自治体・行政区に書店がなく，その数は全国の約2割に上る。

●「本ではなくライフスタイルを」蔦屋書店の挑戦

厳しい状況が続く出版業界だが，一方で，好調な業績を上げ，出版社の買収など新たな挑戦を続ける企業もある。「TSUTAYA」や「蔦屋書店」を運営するカルチュア・コンビニエンス・クラブ（CCC）である。CCC系列の新刊販売書店は全国に812店舗，2016年の書籍・雑誌の年間販売総額は1308億円となり，22年連続で過去最高額を突破している。また，2015年8月には 民事再生手続き中だった美術出版社を傘下におさめ，2017年3月には徳間書店を，12月には主婦の友社を子会社化した。CCCは，系列の店舗

で扱う商品・サービスを自ら開発したいねらいがあり，版元の買収を進めている。

2017年4月には銀座・松坂屋跡地にオープンした商業施設「GINZA　SIX」に，アートをテーマにした店舗を開設した。この開業に際して，美術出版編集部がオリジナルムックを制作したほか，店舗開発のコンサルティングにもかかわった。創業者の増田宗昭社長は「アマゾンでできることはやらない」「本ではなくライフスタイルを売る」という姿勢で，新たな出版ビジネスに乗り出している。また，その流れから，2018年8月には，日本最大の共創コミュニティ「Blabo!」の運営会社を子会社化した。生活者のライフスタイルが多様化し続けるなか，顧客視点に立った価値あるサービスが求められることから，生活者コミュニティを活用した新しいサービスの創出も目指している。

ニュースで見る メディア業界

直近の業界各社の関連ニュースを
ななめ読みしておこう。

NHKドラマに仮想背景、大河9割活用　普及でコスト減も

NHKは仮想背景を使う新しい撮影手法を導入した。現実の被写体と組み合わせスタジオ内で屋外のような映像を撮影できる。まず大河ドラマ「どうする家康」で全面的に採用した。テレビ東京も新手法を報道番組などに使う。

初期費用はかさむが、海外では仮想背景などの活用でコストを3割削減した事例もある。普及が進めばテレビや映像業界で課題となっている長時間労働の是正や、制作コストの削減につながる可能性がある。

NHKはどうする家康の放送時間のうち9割以上を「バーチャルプロダクション（VP）」と呼ぶ技術で撮影した。発光ダイオード（LED）ディスプレーに3次元CG（コンピューターグラフィックス）などで作った映像を映し、その前で演じる俳優と組み合わせて撮影する。

この手法は大勢の人数や大型セット、歴史的建造物などが必要な場面で効果を発揮する。人の移動や確保、セットを組む手間などを省いて撮影時間やコストを抑えられる。

NHKは今回、15万の兵が対峙したとされる「関ケ原の戦い」のシーンなどで使った。合戦シーンの撮影時にカメラの前にいる俳優やエキストラは50～60人ほど。別途制作した数千人の兵士が攻め込む背景映像を横20メートル、高さ6メートルのディスプレーに流し、その前で演じればスタジオ内で撮影が完結する。

大河ドラマの合戦シーンなどでは従来、ロケが基本だった。2016年放送の「真田丸」の大坂冬の陣の撮影には200人が参加したとされる。

今は予算の制約が強まり、どうする家康の演出統括を担うメディア戦略本部の加藤拓氏によると「（投入できるのは）馬は最大20頭、人は100人」という。VPなら実際の俳優やエキストラの人数が限られていても、CGで数千人規模の兵士を描ける。

撮影現場での長時間労働の是正にもつながる。加藤氏によると、以前は放送時間が1分ほどの爆破シーンの撮影では「朝の3〜4時から準備して本番を撮影したら日が暮れることがあった」という。VPなら爆破テストなどの準備時間を大幅に減らせる。

NHKは埼玉県川口市に新施設を建設中で、こうした効果を見込んでVPを活用した番組制作に対応できるようにする計画という。

（2023年11月21日　日本経済新聞）

Adobe、生成AIで経済圏　著作権守り「数秒でデザイン」

デザインソフト大手の米アドビが、画像の生成AI（人工知能）で経済圏を広げている。3億点以上の画像がある自社サービスをAI学習の強みにし、簡単にデザインを生成できる新機能を既存ソフトに入れる。学習素材を提供したクリエーターへの報酬制度も設け、画像の生成AIで問題となる著作権の保護を鮮明にし、独自のエコシステム（生態系）をつくる。

「全ての人にクリエーティビティー（創造性）を提供する時代を再び切り開く」。10月、米ロサンゼルスでのクリエーター向けのイベントで、アドビのシャンタヌ・ナラヤン最高経営責任者（CEO）はこう宣言した。会場で約1万人が歓声をあげたのは、画像を自動でつくる生成AI「ファイアフライ」の第2世代が公開されたときだ。

ファイアフライは日本語を含む100以上の言語に対応し、「絵本を読む犬」などと描きたいものを文章で入れると、数秒で画像ができあがる。第2世代は浮世絵や水彩画など好みの参照画像を選ぶだけで、イメージに沿う画像が生成される。

詳細なプロンプト（指示文）を書く技術や手間がいらなくなり、10月から提供を始めた。アドビのソフトを約20年使っているアーティストのアナ・マックノートさんは「イメージを手軽に可視化でき、スケッチを描いていた頃よりもアイデアが10倍に増えた」と喜ぶ。

画像分野の生成AIは、英スタビリティーAIのオープンソースのモデルが先行し、米新興のミッドジャーニーやオープンAIも提供する。

ただし、AI学習に使われるコンテンツの著作権侵害が問題視され、「Chat（チャット）GPT」など文章の生成AIほどは普及していない。写真・映像販売の米ゲッティイメージズは、同社の写真を許可なく学習・改変したとして、ス

タビリティーAIを著作権の侵害で訴えた。

後発のアドビは、生成画像を企業が安心して広告などに利用できるよう、著作権問題の克服を最優先にAIを開発した。学習にはアドビが権利を持つか、著作権が失効した素材だけを使う。

それでも膨大なAI学習を可能にしたのが、3億点以上の素材を集めた画像提供サービス「アドビストック」だ。アドビは写真やイラストの作成者に使用料を払い、一般の人に素材として販売してきた。今回、素材がAI学習に使われると、作品数や人気に応じてクリエーターに報酬を払う新たな制度も導入した。

ファイアフライの第1世代は3月に試験的に公開され、既に30億点以上の画像が生成された。アドビのサブスクリプション（定額課金）プランの契約者は、写真編集の「フォトショップ」などの各ソフトで利用できる。狙いは生成AIを軸に、自社ソフトの利用や独自素材を拡張することだ。

1982年創業の同社は、興亡が激しいシリコンバレーで「老舗」といえる。PDFの閲覧・編集ソフト「Acrobat（アクロバット）」は誕生から30年を迎えた。

2007年にCEOに就いたナラヤン氏はパッケージ版ソフトから、クラウド経由のサービスに全面移行した。サブスクへの早い転換で、足元の株価は10年間で約10倍に膨らんだ。23年6～8月期の売上高は前年同期比10％増で、純利益は24％増だった。サブスク売上高が約46億ドル（約6900億円）と前年同期を12％上回り、生成AIを成長の柱に据える。

（2023年11月2日　日本経済新聞）

ネット広告復調、メタ純利益2.6倍　迫るAmazonの影

インターネット広告の復調が鮮明になってきた。グーグル親会社のアルファベットとメタが25日までに発表した2023年7～9月期決算はともに増収増益となり、景気減速の懸念を払拭しつつある。ただ、米アマゾン・ドット・コムなどが広告のシェアを拡大し、米2強が主導してきた競争の構図に影響を与える可能性もでてきた。

「広告の売上高の増加には電子商取引（EC）が大きく貢献し、消費財やゲームも好調だった」。メタのスーザン・リー最高財務責任者（CFO）は25日の決算説明会で強調した。7～9月期の売上高は前年同期比23％増の341億4600万ドル（約5兆1200億円）に達し、四半期で過去最高を更新。リストラ効果

も加わり、純利益は2.6倍に増えた。

24日に同四半期の決算を発表したアルファベットも同様だ。クラウドコンピューティング事業の売上高が市場予想に届かなかったことなどが嫌気されて25日の米株式市場で株価は前日比約10%下落したが、「本業」に当たる広告の業績は好転している。同事業の7～9月期の売上高は前年同期比9%増え、増収率は前の四半期の3%から上昇した。

背景にはネット広告市況の回復がある。米広告大手、インターパブリック・グループ傘下の調査会社マグナは9月、23年の米ネット広告市場の前年比成長率を7.9%から9.6%に上方修正した。マグナ幹部は「半年前、メディア産業は不況に身構えていたが、広告主は冷静に投資を続けた」と説明する。

同社は24年の市場見通しも上方修正したが、2強に限ってみるとシェアは微減傾向が続く。米インサイダー・インテリジェンスによると、グーグルとメタの米市場におけるシェアの合計は19年に53%を上回っていたが、23年は46%台まで低下。24年はさらに減少すると予想している。

両社のシェアを奪う形で成長しているのがアマゾンなどのEC企業だ。同社サイトに広告を掲載している企業の幹部は「商品の購入意欲がある人がアマゾンのサイトを訪問するため広告効果が高い」と評価する。動画配信サービスや食品スーパーの店頭などグループ内に広告媒体として使える「スペース」を多く抱えることも強みだ。

同社の広告の売上高は過去8四半期にわたって前年同期比20%以上の成長を続け、7～9月期は140億ドルに迫る見通しだ。メタの4割強の水準になる。インサイダー・インテリジェンスは小売り最大手の米ウォルマートと食品宅配サービスのインスタカートを加えた「リテールメディア」は24年に米ネット広告市場で16%のシェアを握ると予想する。

アマゾンの成功にならう動きも相次ぐ。料理宅配やライドシェアを手がける米ウーバーテクノロジーズは22年に広告部門を立ち上げ、24年に売上高を10億ドルに引き上げる目標を掲げている。同社はテニスの全米オープンの会場に向かうライドシェアの利用者にテニスウエアを手がける仏ラコステの広告を配信するといった取り組みで成果を上げた。

新興勢に共通するのは、独自の顧客基盤や広告に活用できるサイトなどのスペースを持っていることだ。世界的にプライバシー保護の流れが強まり、サードパーティークッキーなどの技術を使ってウェブ空間で消費者を縦横無尽に追い回すことも難しくなっている。単独で会員の購買履歴や位置情報を入手できる企業には追い風となる。

現在、米２強のシェア下落のペースは緩やかだが、パイの大きな拡大が見込みづらくなるなか、逆風であることに変わりはない。グーグルは得意とする生成AI（人工知能）を活用した衣料品のバーチャル試着機能を検索サービスに組み込むなど、EC強化に動く。アマゾンをはじめとする新勢力の伸長は、従来の枠組みを超えた競争を生みつつある。

（2023年10月26日　日本経済新聞）

ニュース対価の算定根拠開示を　公取委がヤフーやLINEに

公正取引委員会は21日、ニュース配信サービスを運営するヤフーなどIT（情報技術）大手に対し、メディアに支払うニュース記事使用料の算定根拠の開示を求める調査報告書をまとめた。使用料が著しく低い場合は、独占禁止法違反になり得るとの考えも示した。

配信サービスはメディアから記事提供を受け、対価として使用料をメディアに支払う。公取委は2022年秋から、ヤフーニュースやLINEニュース、グーグルの「ニュースショーケース」など大手7社のサービスを調べた。メディア側には新聞社やテレビ局など200社超にアンケートを実施した。

公取委はメディアが配信サービスへの依存度を年々高め、消費者も配信サービス経由で記事に触れることが多いと分析。特に市場シェアが大きいヤフーニュースはメディアに対し優越的地位にある可能性を指摘した。

調査したメディアの6割は、記事使用料の算定根拠が不透明で、金額が低いことに不満を持っていた。例えば、ヤフーニュースでは閲覧数あたりの単価の根拠が不明確との声や、グーグルでは、メディアごとに金額を算定する仕組みが不透明だとする意見があった。

公取委は配信サービス側に、金額の根拠や算定方法を「可能な限りメディアに開示することが望ましい」との考え方を示した。著しく低い使用料にした場合などは独禁法が禁じる優越的地位の乱用に当たると説明した。

一方で公取委はメディア側にもIT大手と「もっと交渉をする余地がある」と注文をつけた。交渉材料として、公取委が独自に調べた記事使用料の「相場」も公開した。IT大手がメディアに支払う記事使用料は閲覧数1000件あたり平均124円だった。メディアごとに49円から251円まで大きな幅があった。

メディアが自社サイト上の記事から得られる広告収入は、閲覧数1000件あたり平均352円で記事使用料のほうが低い。公取委が取引金額に関する水準を

具体的に示すのは異例だ。公取委としてIT大手とメディアの交渉を後押しする。

Twitter、動画広告に活路　ヤッカリーノCEO就任1カ月

ツイッターの運営会社が本格的に収益モデルの再構築に動き出した。かつて売上高の9割を支えた広告が米国で約6割減る中、動画などを通じた新たな広告モデルやアプリの機能強化を模索する。就任から1カ月が経過したリンダ・ヤッカリーノ最高経営責任者（CEO）は、1年足らずで3分の1近くまで減少した企業価値を高め、広告主・利用者離れを引き戻す重責も担う。

「ツイッターのコミュニティーを築いたのはあなただ。そしてこれは代替できない。ここはあなたの公共の広場だ」。ヤッカリーノ氏は就任から1カ月となるタイミングで、米メタが対抗する短文投稿アプリ「Threads（スレッズ）」を開始したのを意識してか、ツイッター上で利用者にこう呼びかけた。

ヤッカリーノ氏は6月の就任直後にも、従業員や利用者に向け「世界の交流のためのタウンスクエア（町の広場）になる」と表明した。公共性を示す「広場」という言葉を多用することで、広告主への配慮をにじませた。

米メディア大手NBCユニバーサル（NBCU）出身のヤッカリーノ氏は広告販売やマーケティング戦略を長年取りまとめてきた。業界団体のトップを務める経験も持ち、大手広告主と太いパイプを持つ。屋台骨の広告立て直しを一身に背負う。

ヤッカリーノ氏がカギとみているのが動画をはじめとする新しいメディアの形だ。ツイッターは運営会社を「X社」と改め、ビデオ通話や決済、電子商取引（EC）といったあらゆる機能を集めた「スーパーアプリ」化を進めている。

ツイッターはすでに動画共有アプリ「TikTok（ティックトック）」風の縦型動画機能を取り入れている。英紙フィナンシャル・タイムズによると、ショート動画に対応した新たな動画広告も検討しているという。

ヤッカリーノ氏はNBCUで広告付きで無料視聴できる動画サービス「ピーコック」にも関わってきた。こうした知見をツイッターでも取り入れようとしている。就任直後は他社への営業秘密漏洩を防ぐ競業避止もあり、表立って広告主との折衝が難しかったようだ。今後はメディア企業との会合を通じ、著名人やコンテンツのクリエーターを呼び込み、企業からの収益増を狙う。

（2023年7月9日　日本経済新聞）

インスタグラムやFacebookにサブスク　メタ、月2000円

米メタは19日、画像共有アプリのインスタグラムやSNS（交流サイト）のフェイスブックでサブスクリプション（継続課金）型のサービスを始めると発表した。料金は円換算で月2000円程度に設定し、他人によるなりすましの防止や投稿を人目に触れやすくするといったサービスを提供する。

新サービス「Meta Verified（メタ・ベリファイド）」を始める。まず、今週後半にオーストラリアとニュージーランドで試験提供を始め、各地に広げるとしている。料金は米アップルや米グーグルのスマートフォンから申し込んだ場合は月14.99ドル（約2000円）、ウェブサイトからは11.99ドルとする。

メタは新サービスの利用者から免許証などの公的な身分証明書の提出を受け、本人確認したアカウントに青色のチェックマークを付ける。アカウントの監視も通常より強め、なりすましを防ぐとしている。また、有人の問い合わせ対応窓口の利用や、投稿の優先的な表示といったサービスも提供する。

マーク・ザッカーバーグ最高経営責任者（CEO）は19日、フェイスブックへの投稿で「（新サービスにより）当社のサービス全体の信頼性や安全性を高める」と述べた。また、同社は「（新サービスにより）クリエーターが存在感を高め、コミュニティーを構築するのを早められるようにしたい」と説明した。

SNSの有料サービスでは米ツイッターが先行し、2021年に米国などで「ブルー」を始めた。22年10月に米起業家のイーロン・マスク氏が同社を買収すると有料サービスの強化を経営立て直しに向けた主要な取り組みのひとつと位置づけ、内容の見直しに乗り出した。料金を引き上げ、認証済みアカウントへのチェックマークの付与をサービスに含めている。

両社は売上高に占めるインターネット広告の割合が高く、ネット広告市場が成熟して競争が厳しくなるなか、収益源の拡大が課題だ。ただ、米メディアのジ・インフォメーションによると、米国におけるツイッターの有料サービスの契約者は1月中旬時点で18万人にとどまる。月間利用者の0.2％以下で、利用者がどの程度受け入れるかは不透明だ。

（2023年2月20日　日本経済新聞）

現職者・退職者が語る メディア業界の口コミ

※編集部に寄せられた情報を基に作成

▶ 労働環境

職種：営業　　年齢・性別：20代後半・女性

・担当クライアントや業種にもよりますが，全体的に残業は多いです。
・突発的な事態が起きて，深夜まで対応に追われることもしばしば。
・休日であっても，電話やメールで仕事の連絡は普通に来ます。
・毎日定時にというのは，基本的にありえません。

職種：法人営業　　年齢・性別：20代後半・男性

・研修制度やキャリア開発に対して環境が非常に整っています。
・課長研修や部長研修など，役職のある人間向けの研修もあります。
・若手が1年間海外支社に赴任する制度というのもあります。
・チャレンジジョブ制度もあり，1〜2割の人の希望が叶っています。

職種：法人営業　　年齢・性別：20代後半・男性

・毎月のように研修があり，スキルアップできる環境が整っています。
・社内公募制や年に1度の社内面談で勤務地や職種を変えられます。
・営業は忙しいため，なかなか研修に参加できないこともあります。
・スタッフ系の職種の人の方が研修に参加する率は高いようです。

職種：マーケティング　　年齢・性別：30代前半・男性

・残業は，多い月は100時間という月もありますが，均すと60時間程度で，忙しい時期と落ち着いている時期の，仕事量の差が大きいです。
・落ち着いている時は，夜飲みに行くこともできます。
・休日出勤はほとんどありませんが，部署によってはあるところも。

▶福利厚生

職種：法人営業　　年齢・性別：20代後半・男性

- 独身に限り借り上げ賃貸がありますが，結婚後の手当はありません。
- 全国異動の可能性があるため，住宅手当がゼロは厳しいです。
- 保養所は充実していますが，利用しやすい地域は限定されています。
  残業は80時間程度で，得意先によっては休日出勤も当たり前に。

職種：法人営業　　年齢・性別：20代後半・男性

- 福利厚生は持株会，財形等，大手の企業と同様に一通りあります。
- 保養所が各地にあって，結構充実しています。
- 本社周辺に勤務の場合は社員食堂があり，かなり安く食べられます。
- 住宅補助はほとんどありません。

職種：機械関連職　　年齢・性別：30代後半・男性

- 30歳までは社員寮に1万円で入れますが，社宅はありません。
- 子供手当は1人2万円，住宅手当は4000円〜1万円程度あります。
- 休暇制度は充実しており，年末年始以外にも特別休暇があります。
- ほとんど使われていませんが，希望する人には留学制度もあります。

職種：法人営業　　年齢・性別：20代後半・女性

- 福利厚生はかなり充実していると思います。
- 残業で帰れない社員用に，24時以降泊まれる宿泊所があります。
- 旅行も指定代理店を通すと，補助が出てタダで泊まれることも。
- 福利厚生について把握してない人も多いですが，かなり便利です。

▶仕事のやりがい

職種：法人営業　　年齢・性別：30代後半・男性

・専門スタッフが揃っており，大きい組織ならではの提案が可能な点。
・印刷物や映像制作，キャンペーン運営など幅広い仕事に携われます。
・プロデューサーとして活躍出来ることに仕事の魅力を感じます。
・人同士の連携で仕事が成り立つためか，社風はやや体育会系です。

職種：法人営業　　年齢・性別：20代後半・男性

・得意先と一緒に商品を作り上げていくことにやりがいを感じます。
・営業を中心に他部署も巻き込んでの案件は非常に面白みがあります。
・実際には社内各部署との調整業務など地味な仕事も多いですが。
・既存の商品の売り込みではない営業スタイルは気に入っています。

職種：法人営業　　年齢・性別：20代後半・男性

・面白いところは，非常に幅広い商材・ソリューションを扱える点。
・得意先もほとんど全ての会社を相手にできる環境があります。
・営業としてのフィールド・可能性はとても広い会社だと思います。
・会社の総合力を発揮して提案・解決できる面白さは大きいです。

職種：法人営業　　年齢・性別：30代後半・男性

・営業力の大きさそのものがやりがいと言えるでしょう。
・自分の仕事がメディアに取り上げられると理屈抜きで面白いです。
・自分の企画したものが社会的に認められた時の達成感は大きいです。
・クライアントの課題解決に寄与した時，素直に喜びを感じます。

▶ ブラック？ホワイト？

職種：生産技術・生産管理・プロセス開発（半導体）　年齢・性別：30代後半・男性
- 得意先にもよりますが，終業時刻近くから仕事が入り始めます。
- 納期フォローに時間を取られ，恒常的に残業が多いです。
- 休日も携帯電話に連絡が入るため常に仕事に追われている印象。
- ただ，部署や得意先との人間関係は良好で，残業代も全額出ます。

職種：法人営業　　年齢・性別：30代後半・男性
- ワークライフバランスは非常に調整しにくいです。
- どれだけ汗をかいたかで評価されるため，長時間勤務が増えます。
- プライベート重視の人は閑職に異動させられる場合もあります。
- 繁忙期は終電帰りやタクシー帰りが続き，飲み会の機会も多いです。

職種：マーケティング関連職　　年齢・性別：30代前半・男性
- クライアント次第なので，突然ものすごい業務量になることも。
- 猛烈に業務をこなす上司と仕事を組むことになると大変です。
- 働いている社員とそうでない社員がはっきり分かれています。
- 働かない社員の方が割のいい社員生活を送れているのが何とも。

職種：財務　　年齢・性別：20代後半・男性
- 仕事を突き詰めようとすればいくらでも残業が出来る環境です。
- 一度業務遂行能力が評価されると，次々と仕事が舞い込むことに。
- ワークライフバランスを求める人には厳しい職場かと。
- 深夜0時にいつも同じ面子が机にかじりついているという状態に。

▶女性の働きやすさ

職種：企画営業　　年齢・性別：20代後半・女性

・出産休暇，育児休暇をとって復帰する人も少なくありません。
・復帰したあとは，時短勤務などの制度も利用できます。
・営業や企画の部署で時短で帰るのは相当の努力が必要ですが。
・ぎりぎりまでハードな勤務をし，出産休暇を取る方が多いようです。

職種：営業　　年齢・性別：20代後半・女性

・まだまだ男性社会のため，部長クラスでは女性は少ないです。
・派遣社員や契約社員，若手社員の女性の割合は高めだと思います。
・上のポジションにいくと，女性の割合はぐっと減ってきます。
・営業や媒体など，長時間拘束となる部門は女性は特に少ないです。

職種：経営企画　　年齢・性別：30代後半・男性

・産休育休を取る女性は多く，復帰後も元の部署へ戻る人が大半です。
・時短制度を利用しながら働き続ける人も多くいます。
・出産が女性のキャリアアップに不利になることはないかと思います。
・女性の感性が必要な業務も多いので，働きやすい環境だと思います。

職種：アカウントエクゼグティブ　　年齢・性別：20代後半・女性

・産休・育休の制度を利用しての現職復帰は実質厳しいです。
・営業部の場合，クライアントに合わせるため時間が非常に不規則。
・営業部はプライベートの時間をコントロールしにくいと思います。
・出産後の女性は管理部門へ異動し時短勤務をするケースが多いです。

▶ 今後の展望

職種：法人営業　　年齢・性別：20代後半・男性
- 近年メディア露出も増え，働きやすい企業として紹介されることも。
- メディアの影響か，優秀な人材が男女共に多く入社してきています。
- 競争を勝ち抜いた元気のある若手が多いからか，皆活気があります。
- 優秀な若手女性も多いため，管理職層に押し上げる動きがあります。

職種：法人営業　　年齢・性別：20代後半・女性
- プライベートと仕事を両立するのは正直難しい職場ですが，時間を上手に使って両立している人がいるのも事実です。
- 最近は会社もワークライフバランスの改善を考えているようです。
- 今後は，労働環境も大きく変わってくるのではないかと思います。

職種：マーケティング関連職　　年齢・性別：50代前半・男性
- 最近では管理職として活躍している女性が目立ってきました。
- かつては男性中心の職場というイメージがありましたが。
- 戦力として女性が不可欠という認識に会社側も変わってきており，女性役員の登場も間近だと思います。

職種：一般事務　　年齢・性別：30代後半・男性
- 新しいことをどんどんやるので，とても面白い会社だと思います。
- 最近は好調なWeb事業への経営資源の割り振りが増えています。
- 既存事業への割り振りは控えめになってきているようですが。
- 今後も会社の仕事の幅は更に広がっていくと思います。

メディア業界　国内企業リスト （一部抜粋）

会社名	本社住所
日本工営株式会社	東京都千代田区麹町 5 丁目 4 番地
株式会社ネクスト	東京都港区港南二丁目 3 番 13 号 品川フロントビル
株式会社日本 M&A センター	東京都千代田区丸の内 1-8-3 丸の内トラストタワー本館 19 階
株式会社ノバレーゼ	東京都中央区銀座 1-8-14 銀座 YOMIKO ビル 4F
株式会社アコーディア・ゴルフ	東京都渋谷区渋谷 2 丁目 15 番 1 号 渋谷クロスタワー
株式会社タケエイ	東京都港区芝公園 2-4-1 A-10 階
株式会社パソナグループ	東京都千代田区大手町 2-6-4
株式会社リンクアンドモチベーション	東京都中央区銀座 3-7-3 銀座オーミビル
GCA サヴィアン株式会社	東京都千代田区丸の内 1-11-1 パシフィックセンチュリープレイス丸の内 30 階
株式会社エス・エム・エス	東京都港区芝公園 2-11-1 住友不動産芝公園タワー
テンプホールディングス株式会社	東京都渋谷区代々木 2-1-1
株式会社リニカル	大阪市淀川区宮原 1 丁目 6 番 1 号 新大阪ブリックビル 10 階
クックパッド株式会社	東京都港区白金台 5-12-7
株式会社エスクリ	東京都港区南青山 3-2-5 南青山シティビル
アイ・ケイ・ケイ株式会社	佐賀県伊万里市新天町 722 番地 5
株式会社学情	大阪市北区梅田 2-5-10 学情梅田コンパス
株式会社 スタジオアリス	大阪市北区梅田 1 丁目 8 番 17 号 大阪第一生命ビル 7F
シミックホールディングス株式会社	東京都品川区西五反田 7-10-4
NEC フィールディング株式会社	東京都港区三田一丁目 4 番 28 号
綜合警備保障株式会社	東京都港区元赤坂 1-6-6
株式会社カカクコム	東京都渋谷区恵比寿南 3 丁目 5 番 7 号 恵比寿アイマークゲート（代官山デジタルゲートビル）
株式会社アイロムホールディングス	東京都千代田区富士見 2-14-37 富士見イースト

会社名	本社住所
株式会社ルネサンス	東京都墨田区両国 2-10-14 両国シティコア 3 階
株式会社オプト	東京都千代田区四番町 6 東急番町ビル
株式会社 新日本科学	東京都中央区明石町 8-1 聖路加タワー 12 階
株式会社ツクイ	横浜市港南区上大岡西 1 丁目 6 番 1 号 ゆめおおおかオフィスタワー 16 階
株式会社綜合臨床ホールディングス	東京都新宿区西新宿二丁目 4 番 1 号 新宿 NS ビル 13 階
株式会社キャリアデザインセンター	東京都港区赤坂 3-21-20 赤坂ロングビーチビル
エムスリー株式会社	東京都港区赤坂 1 丁目 11 番 44 号 赤坂インターシティ 10 階
株式会社ベストブライダル	東京都渋谷区東 3 丁目 11 番 10 号恵比寿ビル 5F,7F, 8F
日本 ERI 株式会社	港区赤坂 8 丁目 5 番 26 号 赤坂 DS ビル
株式会社アウトソーシング	東京都千代田区丸の内 1-8-3 丸の内トラストタワー本館 5F
株式会社ディー・エヌ・エー	東京都渋谷区渋谷 2-21-1 渋谷ヒカリエ
株式会社博報堂ＤＹホールディングス	東京都港区赤坂 5 丁目 3 番 1 号 赤坂 Biz タワー
株式会社ぐるなび	東京都千代田区有楽町 1-2-2 東宝日比谷ビル 6F
株式会社 一休	東京都港区赤坂 3-3-3 住友生命赤坂ビル 8F
ジャパンベストレスキューシステム株式会社	愛知県名古屋市昭和区鶴舞二丁目 17 番 17 号 ベルビル 2F
ジェイコムホールディングス株式会社	大阪市北区角田町 8 番 1 号梅田阪急ビルオフィスタワー 19 階
PGM ホールディングス株式会社	東京都港区高輪一丁目 3 番 13 号ＮＢＦ高輪ビル
バリューコマース株式会社	東京都港区赤坂 8-1-19 日本生命赤坂ビル 5F
株式会社 JP ホールディングス	名古屋市東区葵 3-15-31 住友生命千種ニュータワービル 17F
イーピーエス株式会社	東京都新宿区下宮比町 2-23 つるやビル
株式会社 アミューズ	東京都渋谷区桜丘町 20 番 1 号
株式会社 ドリームインキュベータ	東京都千代田区霞が関 3-2-6 東京倶楽部ビルディング 4F
ＴＡＣ株式会社	東京都千代田区三崎町 3-2-18

会社名	本社住所
ケネディクス株式会社	東京都中央区日本橋兜町 6-5 KDX 日本橋兜町ビル
株式会社 電通	東京都港区東新橋 1-8-1
株式会社テイクアンドギヴ・ニーズ	東京都品川区東品川二丁目 3 番 12 号 シーフォート スクエアセンタービル 17 階
ぴあ株式会社	東京都渋谷区東 1-2-20 渋谷ファーストタワー
株式会社イオンファンタジー	千葉県千葉市美浜区中瀬 1 丁目 5 番地 1
株式会社ネクシィーズ	東京都渋谷区桜丘町 20-4 ネクシィーズ スクエアビル
みらかホールディングス株式会社	東京都新宿区西新宿 2-1-1 新宿三井ビルディング 8F
株式会社 アルプス技研	神奈川県横浜市西区みなとみらい 2-3-5 クイーンズ タワー C 18 階
株式会社サニックス	福岡市博多区博多駅東 2 丁目 1 番 23 号
株式会社ダイオーズ	東京都港区浜松町 2-4-1 世界貿易センタービル 23 階
日本空調サービス株式会社	名古屋市名東区照が丘 239 番 2
株式会社オリエンタルランド	千葉県浦安市舞浜 1 番地 1
株式会社ダスキン	大阪府吹田市豊津町 1 番 33 号
株式会社明光ネットワーク ジャパン	東京都新宿区西新宿 7 丁目 20 番 1 号（住友不動産 西新宿ビル 29F/30F（受付 30F））
株式会社ファルコ SD ホールディングス	京都市中京区河原町通二条上る清水町 346 番地
株式会社　秀英予備校	静岡県静岡市葵区鷹匠 2 丁目 7-1
株式会社田谷	東京都渋谷区神宮前二丁目 18 番 19 号
株式会社ラウンドワン	大阪府堺市堺区戎島町四丁 45 番地 1 堺駅前ポルタ スセンタービル
リゾートトラスト株式会社	名古屋市中区東桜 2-18-31
株式会社ビー・エム・エル	東京都渋谷区千駄ヶ谷五丁目 21 番 3 号
ワタベウェディング株式会社	京都市下京区烏丸通仏光寺上る二帖半敷町 671 番地
株式会社もしもしホットライン	東京都渋谷区代々木 2-6-5
株式会社リソー教育	東京都豊島区目白三丁目 1 番地 40 号

会社名	本社住所
株式会社早稲田アカデミー	東京都豊島区池袋二丁目 53 番 7 号
株式会社ユー・エス・エス	愛知県東海市新宝町 507 番地の 20
株式会社東京個別指導学院	東京都中央区佃 1-11-8 ピアウエストスクエア 2 階
株式会社 テー・オー・ダブリュー	東京都港区虎ノ門四丁目 3 番 13 号 ヒューリック神谷町ビル
セントラルスポーツ株式会社	東京都中央区新川 1-21-2 茅場町タワー
株式会社フルキャスト ホールディングス	東京都品川区西五反田 8-9-5 ポーラ第 3 五反田ビル 12 階
リゾートソリューション株式会社	東京都新宿区西新宿 6-24-1
株式会社リブセンス	東京都品川区上大崎 2-25-2 新目黒東急ビル 5F
ジャパンマテリアル株式会社	三重県三重郡菰野町永井 3098 番 22
株式会社リロ・ホールディング	東京都新宿区新宿四丁目 3 番 23 号
株式会社エイチ・アイ・エス	東京都新宿区西新宿 6-8-1 新宿オークタワー 29 階
株式会社 共立メンテナンス	東京都千代田区外神田 2-18-8
株式会社イチネン ホールディングス	大阪市淀川区西中島四丁目 10 番 6 号
株式会社　建設技術研究所	東京都中央区日本橋浜町 3-21-1 （日本橋浜町 F タワー）
株式会社スペース	東京都中央区日本橋人形町 3-9-4
燦ホールディングス株式会社	東京都港区南青山 1-1-1 新青山ビル西館 14F
スバル興業株式会社	東京都千代田区有楽町一丁目 10 番 1 号
東京テアトル株式会社	東京都中央区銀座 1-16-1
株式会社よみうりランド	東京都稲城市矢野口 4015 番地 1
東京都競馬株式会社	東京都大田区大森北一丁目 6 番 8 号
常磐興産株式会社	福島県いわき市常磐藤原町蕨平 50 番地
株式会社 カナモト	北海道札幌市中央区大通東 3 丁目 1 番地 19
株式会社東京ドーム	東京都文京区後楽 1 丁目 3 番 61 号
西尾レントオール株式会社	大阪府大阪市中央区東心斎橋 1-11-17

会社名	本社住所
株式会社アゴーラ・ホスピタリティー・グループ	東京都港区虎ノ門 5-2-6 虎ノ門第 2 ワイコービル 7F
トランスコスモス株式会社	東京都渋谷区渋谷 3-25-18
株式会社乃村工藝社	東京都港区台場 2 丁目 3 番 4 号
藤田観光株式会社	東京都文京区関口 2-10-8
ＫＮＴ－ＣＴホールディングス株式会社	東京都千代田区東神田 1-7-8 東神田フコク生命ビル
日本管財株式会社	兵庫県西宮市六湛寺町 9 番 16 号
株式会社トーカイ	岐阜市若宮町 9 丁目 16 番地
株式会社白洋舎	東京都渋谷区神山町 4 番 14 号
セコム株式会社	東京都渋谷区神宮前 1 丁目 5 番 1 号
セントラル警備保障株式会社	新宿区西新宿二丁目 4 番 1 号新宿 NS ビル
株式会社丹青社	東京都台東区上野 5 丁目 2 番 2 号
株式会社メイテック	東京都港区赤坂 8-5-26 赤坂 DS ビル
株式会社アサツー ディ・ケイ	東京都中央区築地一丁目 13 番 1 号
応用地質株式会社	東京都千代田区神田美土代町 7 番地
株式会社船井総合研究所	大阪市中央区北浜 4-4-10
株式会社　進学会	北海道札幌市白石区本郷通 1 丁目北 1 番 15 号
株式会社ベネッセホールディングス	岡山市北区南方 3-7-17
イオンディライト株式会社	大阪市中央区南船場 2-3-2 南船場ハートビル
株式会社ナック	東京都新宿区西新宿 1-25-1
株式会社 ニチイ学館	東京都千代田区神田駿河台 2 丁目 9 番地
株式会社ダイセキ	名古屋市港区船見町 1 番地 86
株式会社ステップ	神奈川県藤沢市藤沢 6 0 2

第3章

就職活動のはじめかた

入りたい会社は決まった。しかし「就職活動とはそもそも何をしていいのかわからない」「どんな流れで進むかわからない」という声は意外と多い。ここでは就職活動の一般的な流れや内容，対策について解説していく。

▶就職活動のスケジュール

3月	**4**月	**6**月

就職活動スタート

> 2025年卒の就活スケジュールは,経団連と政府を中心に議論され,2024年卒の採用選考スケジュールから概ね変更なしとされている。

エントリー受付・提出

OB・OG訪問

> 企業の説明会には積極的に参加しよう。独自の企業研究だけでは見えてこなかった新たな情報を得る機会であるとともに,モチベーションアップにもつながる。また,説明会に参加した者だけに配布する資料などもある。

合同企業説明会　　**個別企業説明会**

筆記試験・面接試験等始まる（3月～）

内々定（大手企業）

2月末までにやっておきたいこと

就職活動が本格化する前に,以下のことに取り組んでおこう。
◎自己分析　◎インターンシップ　◎筆記試験対策
◎業界研究・企業研究　◎学内就職ガイダンス
自分が本当にやりたいことはなにか,自分の能力を最大限に活かせる会社はどこか。自己分析と企業研究を重ね,それを文章などにして明確にしておき,面接時に最大限に活用できるようにしておこう。

月 **8月** **10月**

中 小 企 業 採 用 本 格 化

内定者の数が採用予定数に満た
ない企業，1年を通して採用を継
続している企業，夏休み以降に採
用活動を実施企業（後期採用）は
採用活動を継続して行っている。
大企業でも後期採用を行っている
こともあるので，企業から内定が
出ても，納得がいかなければ継続
して就職活動を行うこともある。

中小企業の採用が本格化するのは大手
企業より少し遅いこの時期から。HP
などで採用情報をつかむとともに，企
業研究も怠らないようにしよう。

内々定とは10月1日以前に通知（電話等）
されるもの。内定に関しては現在協定があり，
10月1日以降に文書等にて通知される。

内々定（中小企業）　　　　内定式（10月〜）

どんな人物が求められる？

多くの企業は，常識やコミュニケーション能力があり，社会のできごと
に高い関心を持っている人物を求めている。これは「会社の一員とし
て将来の企業発展に寄与してくれるか」という視点に基づく，もっとも
普遍的な選考基準だ。もちろん，「自社の志望を真剣に考えているか」
「自社の製品，サービスにどれだけの関心を向けているか」という熱
意の部分も重要な要素になる。

就活ロールプレイ！

理論編 STEP 1　就職活動のスタート

内定までの道のりは，大きく分けると以下のようになる。

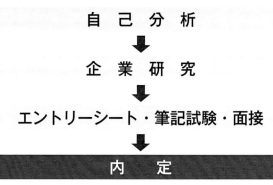

自　己　分　析

↓

企　業　研　究

↓

エントリーシート・筆記試験・面接

↓

内　　　定

01 まず自己分析からスタート

　就職活動とは，「企業に自分をPRすること」。自分自身の興味，価値観に加えて，強み・能力という要素が加わって，初めて企業側に「自分が働いたら，こういうポイントで貢献できる」と自分自身を売り込むことができるようになる。

■自分の来た道を振り返る

　自己分析をするための第一歩は，「振り返ってみる」こと。

　小学校，中学校など自分のいた"場"ごとに何をしたか（部活動など），何を学んだか，交友関係はどうだったか，興味のあったこと，覚えている印象的なことを書き出してみよう。

■テストを受けてみる

　"自分では気がついていない能力"を客観的に検査してもらうことで，自分に向いている職種が見えてくる。下記の5種類が代表的なものだ。

①職業適性検査　　②知能検査　　③性格検査

④職業興味検査　　⑤創造性検査

■先輩や専門家に相談してみる

　就職活動をするうえでは，"いかに他人に自分のことをわかってもらうか"が重要なポイント。他者の視点で自分を分析してもらうことで，より客観的な視点で自己PRができるようになる。

自己分析の流れ

❑過去の経験を書いてみる

❑現在の自己イメージを明確にする…行動，考え方，好きなものなど。

❑他人から見た自分を明確にする

❑将来の自分を明確にしてみる…どのような生活をおくっていたいか。期待，夢，願望。なりたい自分はどういうものか，掘り下げて考える。→自己分析結果を，志望動機につなげていく。

01 企業の絞り込み

志望企業の絞り込みについての考え方は大きく分けて2つある。

第1は，同一業種の中で1次候補，2次候補……と絞り込んでいく方法。

第2は，業種を1次，2次，3次候補と変えながら，それぞれに2社程度ずつ絞り込んでいく方法。

第1の方法では，志望する同一業種の中で，一流企業，中堅企業，中小企業，縁故などがある歯止めの会社……というふうに絞り込んでいく。

第2の方法では，自分が最も望んでいる業種，将来好きになれそうな業種，発展性のある業種，安定性のある業種，現在好況な業種……というふうに区別して，それぞれに適当な会社を絞り込んでいく。

02 情報の収集場所

・キャリアセンター

・新聞

・インターネット

・企業情報

『就職四季報』（東洋経済新報社刊），『日経会社情報』（日本経済新聞社刊）などの企業情報。この種の資料は本来"株式市場"についての資料だが，その時期の景気動向を含めた情報を仕入れることができる。

・経済雑誌

『ダイヤモンド』（ダイヤモンド社刊）や『東洋経済』（東洋経済新報社刊），『エコノミスト』（毎日新聞出版刊）など。

・OB・OG／社会人

①成長力

まず"売上高"。次に資本力の問題や利益率などの比率。いくら資本金があっても，それを上回る膨大な借金を抱えていて，いくら稼いでも利払いに追われまくるようでは，成長できないし，安定できない。

成長力を見るには自己資本率を割り出してみる。自己資本を総資本で割って100を掛けると自己資本率がパーセントで出てくる。自己資本の比率が高いほうが成長力もあり安定度も高い。

利益率は純利益を売上高で割って100を掛ける。利益率が高ければ，企業はどんどん成長するし，社員の待遇も上昇する。利益率が低いということは，仕事がどんなに忙しくても利益にはつながらないということになる。

②技術力

技術力は，短期的な見方と長期的な展望が必要になってくる。研究部門が適切な規模か，大学など企業外の研究部門との連絡があるか，先端技術の分野で開発を続けているかどうかなど。

③経営者と経営形態

会社が将来，どのような発展をするか，または衰退するかは経営者の経営哲学，経営方針によるところが大きい。社長の経歴を知ることも必要。創始者の息子，孫といった親族が社長をしているのか，サラリーマン社長か，官庁などからの天下りかということも大切なチェックポイント。

④社風

社風というのは先輩社員から後輩社員に伝えられ，教えられるもの。社風もいろいろな面から必ずチェックしよう。

⑤安定性

企業が成長しているか，安定しているかということは車の両輪。どちらか片方の回転が遅くなっても企業はバランスを失う。安定し，しかも成長する。これが企業として最も理想とするところ。

⑥待遇

初任給だけを考えてみても，それが手取りなのか，基本給なのか。基本給というのはボーナスから退職金，定期昇給の金額にまで響いてくる。また，待遇というのは給与ばかりではなく，福利厚生施設でも大きな差が出てくる。

■そのほかの会社比較の基準

1. ゆとり度

　休暇制度は，企業によって独自のものを設定しているところもある。「長期休暇制度」といったものなどの制定状況と，また実際に取得できているかどうかも調べたい。

2. 独身寮や住宅設備

　最近では，社宅は廃止し，住宅手当を多く出すという流れもある。寮や社宅についての福利厚生は調べておく。

3. オフィス環境

　会社に根づいた慣習や社員に対する考え方が，意外にオフィスの設備やレイアウトに表れている場合がある。

　たとえば，個人の専有スペースの広さや区切り方，パソコンなどOA機器の設置状況，上司と部下の机の配置など，会社によってずいぶん違うもの。玄関ロビーや受付の様子を観察するだけでも，会社ごとのカラーや特徴がどこかに見えてくる。

4. 勤務地

　転勤はイヤ，どうしても特定の地域で生活していきたい。そんな声に応えて，最近は流通業などを中心に，勤務地限定の雇用制度を取り入れる企業も増えている。

---

column 初任給では分からない本当の給与

　会社の給与水準には「初任給」「平均給与」「平均ボーナス」「モデル給与」など，判断材料となるいくつかのデータがある。これらのデータからその会社の給料の優劣を判断するのは非常に難しい。

　たとえば中小企業の中には，初任給が飛び抜けて高い会社がときどきある。しかしその後の昇給率は大きくないのがほとんど。

　一方，大手企業の初任給は業種間や企業間の差が小さく，ほとんど横並びと言っていい。そこで，「平均給与」や「平均ボーナス」などで将来の予測をするわけだが，これは一応の目安とはなるが，個人差があるので正確とは言えない。

■決定版「就職ノート」はこう作る

1冊にすべて書き込みたいという人には, ルーズリーフ形式のノートがお勧め。会社研究, スケジュール, 時事用語, OB／OG訪問, 切り抜きなどの項目を作りインデックスをつける。

カレンダー, 説明会, 試験などのスケジュール表を貼り, とくに会社別の説明会, 面談, 書類提出, 試験の日程がひと目で分かる表なども作っておく。そして見開き2ページで1社を載せ, 左ページに企業研究, 右ページには志望理由, 自己PRなどを整理する。

就職ノートの主なチェック項目

❑企業研究…資本金, 業務内容, 従業員数など基礎的な会社概要から, 過去の採用状況, 業務報告などのデータ

❑採用試験メモ…日程, 条件, 提出書類, 採用方法, 試験の傾向など

❑店舗・営業所見学メモ…流通関係, 銀行などの場合は, 客として訪問し, 商品 (値段, 使用価値, ユーザーへの配慮), 店員 (接客態度, 商品知識, 熱意, 親切度), 店舗 (ショーケース, 陳列の工夫, 店内の清潔さ) などの面をチェック

❑OB／OG訪問メモ…OB／OGの名前, 連絡先, 訪問日時, 面談場所, 質疑応答のポイント, 印象など

❑会社訪問メモ…連絡先, 人事担当者名, 会社までの交通機関, 最寄り駅からの地図, 訪問のときに得た情報や印象, 訪問にいたるまでの経過も記入

05 「OB／OG訪問」

　「OB／OG訪問」は，実際は採用予備選考開始。まず，OB／OG訪問を希望したら，大学のキャリアセンター，教授などの紹介で，志望企業に勤める先輩の手がかりをつかむ。もちろん直接電話なり手紙で，自分の意向を会社側に伝えてもいい。自分の在籍大学，学部をはっきり言って，「先輩を紹介していただけないでしょうか」と依頼しよう。

参考

OB／OG訪問時の質問リスト例

●採用について
- ・成績と面接の比重
- ・採用までのプロセス（日程）
- ・面接は何回あるか
- ・面接で質問される事項　etc.
- ・評価のポイント
- ・筆記試験の傾向と対策
- ・コネの効力はどうか

●仕事について
- ・内容（入社10年，20年のOB/OG）
- ・希望職種につけるのか
- ・残業，休日出勤，出張など
- ・新入社員の仕事
- ・やりがいはどうか
- ・同業他社と比較してどうか　etc.

●社風について
- ・社内のムード
- ・仕事のさせ方　etc.
- ・上司や同僚との関係

●待遇について
- ・給与について
- ・昇進のスピード
- ・福利厚生の状態
- ・離職率について　etc.

06 インターンシップ

インターンシップとは，学生向けに企業が用意している「就業体験」プログラム。ここで学生はさまざまな企業の実態をより深く知ることができ，その後の就職活動において自己分析，業界研究，職種選びなどに活かすことができる。また企業側にとっても有能な学生を発掘できるというメリットがあるため，導入する企業は増えている。

インターンシップ参加が採用につながっているケースもあるため，たくさん参加してみよう。

---

column コネを利用するのも１つの手段？

コネを活用できるのは，以下のような場合である。

・企業と大学に何らかの「連絡」がある場合

企業の新卒採用の場合，特定校・指定校が決められていることもある。企業側が過去の実績などに基づいて決めており，大学の力が大きくものをいう。

とくに理工系では，指導教授や研究室と企業との連絡が密接な場合が多く，教授の推薦が有利であることは言うまでもない。同じ大学出身の先輩とのコネも，この部類に区分できる。

・志望企業と「関係」ある人と関係がある場合

一般的に言えば，志望企業の取り引き先関係からの紹介というのが一番多い。ただし，年間億単位の実績が必要で，しかも部長・役員以上につながっていなければコネがあるとは言えない。

・志望企業と何らかの「親しい関係」がある場合

志望企業に勤務したりアルバイトをしていたことがあるという場合。インターンシップもここに分類される。職場にも馴染みがあり人間関係もできているので，就職に際してきわめて有利。

・志望会社に関係する人と「縁故」がある場合

縁故を「血縁関係」とした場合，日本企業ではこのコネはかなり有効なところもある。ただし，血縁者が同じ会社にいるというのは不都合なことも多いので，どの企業も慎重。

1. 受付の様子

受付事務がテキパキとしていて，分かりやすいかどうか。社員の態度が親切で誠意が伝わってくるかどうか。

こういった受付の様子からでも，その会社の社員教育の程度や，新入社員採用に対する熱意とか期待を推し測ることができる。

2. 控え室の様子

控え室が2カ所以上あって，国立大学と私立大学の訪問者とが，別々に案内されているようなことはないか。また，面談の順番を意図的に変えているようなことはないか。これはよくある例で，すでに大半は内定しているということを意味する場合が多い。

3. 社内の雰囲気

社員の話し方，その内容を耳にはさむだけでも，社風が伝わってくる。

4. 面談の様子

何時間も待たせたあげくに，きわめて事務的に，しかも投げやりな質問しかしないような採用担当者である場合，この会社は人事が適正に行われていないということだから，一考したほうがよい。

参考 ▶ 説明会での質問項目

・質問内容が抽象的でなく，具体性のあるものかどうか。

・質問内容は，現在の社会・経済・政治などの情況を踏まえた，大学生らしい高度で専門性のあるものか。

・質問をするのはいいが，「それでは，あなたの意見はどうか」と逆に聞かれたとき，自分なりの見解が述べられるものであるか。

　提出する書類は6種類。①〜③が大学に申請する書類，④〜⑥が自分で書く書類だ。大学に申請する書類は一度に何枚も入手しておこう。

①「卒業見込証明書」

②「成績証明書」

③「健康診断書」

④「履歴書」

⑤「エントリーシート」

⑥「会社説明会アンケート」

■自分で書く書類は「自己PR」

　第1次面接に進めるか否かは「自分で書く書類」の出来にかかっている。「履歴書」と「エントリーシート」は会社説明会に行く前に準備しておくもの。「会社説明会アンケート」は説明会の際に書き，その場で提出する書類だ。

01 履歴書とエントリーシートの違い

　Webエントリーを受け付けている企業に資料請求をすると，資料と一緒に「エントリーシート」が送られてくるので，応募サイトのフォームやメールでエントリーシートを送付する。Webエントリーを行っていない企業には，ハガキやメールで資料請求をする必要があるが，「エントリーシート」は履歴書とは異なり，企業が設定した設問に対して回答するもの。すなわちこれが「1次試験」であり，これにパスをした人だけが会社説明会に呼ばれる。

02 記入の際の注意点

■字はていねいに

字を書くところから，その企業に対する"本気度"は測られている。

■誤字，脱字は厳禁

使用するのは，黒のインク。

■修正液使用は不可

■数字は算用数字

■自分の広告を作るつもりで書く

自分はこういう人間であり，何がしたいかということを簡潔に書く。メリットになることだけで良い。自分に損になるようなことを書く必要はない。

■「やる気」を示す具体的なエピソードを

「私はやる気があります」「私は根気があります」という抽象的な表現だけではNG。それを示すエピソードのようなものを書かなくては意味がない。

Point

自己紹介欄の項目はすべて「自己PR」。自分はこういう人間であることを印象づけ，それがさらに企業への「志望動機」につながっていくような書き方をする。

---

column 履歴書やエントリーシートは，共通でもいい？

「履歴書」や「エントリーシート」は企業によって書き分ける。業種はもちろん，同じ業界の企業であっても求めている人材が違うからだ。各書類は提出前にコピーを取り，さらに出した企業名を忘れずに書いておくことも大切だ。

写真	スナップ写真は不可。 スーツ着用で，胸から上の物を使用する。ポイントは「清潔感」。 氏名・大学名を裏書きしておく。
日付	郵送の場合は投函する日，持参する場合は持参日の日付を記入する。
生年月日	西暦は避ける。元号を省略せずに記入する。
氏名	戸籍上の漢字を使う。印鑑押印欄があれば忘れずに押す。
住所	フリガナ欄がカタカナであればカタカナで，平仮名であれば平仮名で記載する。
学歴	最初の行の中央部に「学□□歴」と2文字程度間隔を空けて，中学校卒業から大学（卒業・卒業見込み）まで記入する。 中途退学の場合は，理由を簡潔に記載する。留年は記入する必要はない。 職歴がなければ，最終学歴の一段下の行の右隅に，「以上」と記載する。
職歴	最終学歴の一段下の行の中央部に「職□□歴」と2文字程度間隔を空け記入する。 「株式会社」や「有限会社」など，所属部門を省略しないで記入する。 「同上」や「〃」で省略しない。 最終職歴の一段下の行の右隅に，「以上」と記載する。
資格・免許	4級以下は記載しない。学習中のものも記載して良い。 「普通自動車第一種運転免許」など，省略せずに記載する。
趣味・特技	具体的に（例：読書でもジャンルや好きな作家を）記入する。
志望理由	その企業の強みや良い所を見つけ出したうえで，「自分の得意な事」がどう活かせるかなどを考えぬいたものを記入する。
自己PR	応募企業の事業内容や職種にリンクするような，自分の経験やスキルなどを記入する。
本人希望欄	面接の連絡方法，希望職種・勤務地などを記入する。「特になし」や空白はNG。
家族構成	最初に世帯主を書き，次に配偶者，それから家族を祖父母，兄弟姉妹の順に。続柄は，本人から見た間柄。兄嫁は，義姉と書く。
健康状態	「良好」が一般的。

STEP4 エントリーシートの記入

理論編

01 エントリーシートの目的

・応募者を，決められた採用予定者数に絞り込むこと

・面接時の資料にする

の2つ。

■知りたいのは職務遂行能力

採用担当者が学生を見る場合は，「こいつは与えられた仕事をこなせるかどうか」という目で見ている。企業に必要とされているのは仕事をする能力なのだ。

Point

> 質問に忠実に，"自分がいかにその会社の求める人材に当てはまるか"を
> 丁寧に答えること。

02 効果的なエントリーシートの書き方

■情報を伝える書き方

課題をよく理解していることを相手に伝えるような気持ちで書く。

■文章力

大切なのは全体のバランスが取れているか。書く前に，何をどれくらいの字数で収めるか計算しておく。

「起承転結」でいえば，「起」は，文章を起こす導入部分。「承」は，起を受けて，その提起した問題に対して承認を求める部分。「転」は，自説を展開する部分。もっともオリジナリティが要求される。「結」は，最後の締めの結論部分。文章の構成・まとめる力で，総合的な能力が高いことをアピールする。

エントリーシートでよく取り上げられる題材と,その出題意図

エントリーシートで求められるものは,「自己PR」「志望動機」「将来どうなりたいか(目指すこと)」の3つに大別される。

1.「自己PR」

自己分析にしたがって作成していく。重要なのは,「なぜそうしようと思ったか?」「○○をした結果,何が変わったのか?何を得たのか?」という"連続性"が分かるかどうかがポイント。

2.「志望動機」

自己PRと一貫性を保ち,業界志望理由と企業志望理由を差別化して表現するように心がける。志望する業界の強みと弱み,志望企業の強みと弱みの把握は基本。

3.「将来の展望」

どんな社員を目指すのか,仕事へはどう臨もうと思っているか,目標は何か,などが問われる。仕事内容を事前に把握しておくだけでなく,5年後の自分,10年後の自分など,具体的な将来像を描いておくことが大切。

表現力,理解力のチェックポイント

❏文法,語法が正しいかどうか
❏論旨が論理的で一貫しているかどうか
❏1センテンスが簡潔かどうか
❏表現が統一されているかどうか(「です,ます」調か「だ,である」調か)

01 個人面接

●自由面接法

　面接官と受験者のキャラクターやその場の雰囲気，質問と応答の進行具合などによって雑談形式で自由に進められる。

●標準面接法

　自由面接法とは逆に，質問内容や評価の基準などがあらかじめ決まっている。実際には自由面接法と併用で，おおまかな質問事項や判定基準，評価ポイントを決めておき，質疑応答の内容上の制限を緩和しておくスタイルが一般的。1次面接などでは標準面接法をとり，2次以降で自由面接法をとる企業も多い。

●非指示面接法

　受験者に自由に発言してもらい，面接官は話題を引き出したりするときなど，最小限の質問をするという方法。

●圧迫面接法

　わざと受験者の精神状態を緊張させ，受験者がどのような応答をするかを観察し，判定する。受験者は，冷静に対応することが肝心。

02 集団面接

　面接の方法は個人面接と大差ないが，面接官がひとつの質問をして，受験者が順にそれに答えるという方法と，面接官が司会役になって，座談会のような形式で進める方法とがある。

　座談会のようなスタイルでの面接は，なるべく受験者全員が関心をもっているような話題を取りあげ，意見を述べさせるという方法。この際，司会役以外の面接官は一言も発言せず，判定・評価に専念する。

03 グループディスカッション

　グループディスカッション（以下，GD）の時間は30〜60分程度，1グループの人数は5〜10人程度で，司会は面接官が行う場合や，時間を決めて学生が交替で行うことが多い。面接官は内容については特に指示することはなく，受験者がどのようにGDを進めるかを観察する。

　評価のポイントは，全体的には理解力，表現力，指導性，積極性，協調性など，個別的には性格，知識，適性などが観察される。

　GDの特色は，集団の中での個人ということで，受験者の能力がどの程度のものであるか，また，どのようなことに向いているかを判定できること。受験者は，グループの中における自分の位置を面接官に印象づけることが大切だ。

グループディスカッション方式の面接におけるチェックポイント

❑ 全体の中で適切な論点を提供できているかどうか。
❑ 問題解決に役立つ知識を持っているか，また提供できているかどうか。
❑ もつれた議論を解きほぐし，的はずれの議論を元に引き戻す努力をしているかどうか。
❑ グループ全体としての目標をいつも考えているかどうか。
❑ 感情的な対立や攻撃をしかけているようなことはないか。
❑ 他人の意見に耳を傾け，よい意見には賛意を表し，それを全体に推し広げようという寛大さがあるかどうか。
❑ 議論の流れを自然にリードするような主導性を持っているかどうか。
❑ 提出した意見が議論の進行に大きな影響を与えているかどうか。

04 面接時の注意点

●控え室

　控え室には，指定された時間の15分前には入室しよう。そこで担当の係から，面接に際しての注意点や手順の説明が行われるので，疑問点は積極的に聞くようにし，心おきなく面接にのぞめるようにしておこう。会社によっては，所定のカードに必要事項を書き込ませたり，お互いに自己紹介をさせたりする場合もある。また，この控え室での行動も細かくチェックして，合否の資料にしている会社もある。

●入室・面接開始

　係員がドアの開閉をしてくれる場合もあるが，それ以外は軽くノックして入室し，必ずドアを閉める。そして入口近くで軽く一礼し，面接官か補助員の「どうぞ」という指示で正面の席に進み，ここで再び一礼をする。そして，学校名と氏名を名のって静かに着席する。着席時は，軽く椅子にかけるようにする。

●面接終了と退室

　面接の終了が告げられたら，椅子から立ち上がって一礼し，椅子をもとに戻して，面接官または係員の指示を受けて退室する。

　その際も，ドアの前で面接官のほうを向いて頭を下げ，静かにドアを開閉する。控え室に戻ったら，係員の指示を受けて退社する。

05 面接試験の評定基準

●協調性

　企業という「集団」では，他人との協調性が特に重視される。

　感情や態度が円満で調和がとれていること，極端に好悪の情が激しくなく，物事の見方や考え方が穏健で中立であることなど，職場での人間関係を円滑に進めていくことのできる人物かどうかが評価される。

●話し方

　外観印象的には，言語の明瞭さや応答の態度そのものがチェックされる。小さな声で自信のない発言，乱暴野卑な発言は減点になる。

　考えをまとめたら，言葉を選んで話すくらいの余裕をもって，真剣に応答しようとする姿勢が重視される。軽率な応答をしたり，まして発言に矛盾を指摘されるような事態は極力避け，もしそのような状況になりそうなときは，自分の非を認めてはっきりと謝るような態度を示すべき。

●好感度

　実社会においては，外観による第一印象が，人間関係や取引に大きく影響を及ぼす。

　「フレッシュな爽やかさ」に加え，入社志望など，自分の意思や希望をより明確にすることで，強い信念に裏づけられた姿勢をアピールできるよう努力したい。

●判断力

何を質問されているのか，何を答えようとしているのか，常に冷静に判断していく必要がある。

●表現力

話に筋道が通り理路整然としているか，言いたいことが簡潔に言えるか，話し方に抑揚があり聞く者に感銘を与えるか，用語が適切でボキャブラリーが豊富かどうか。

●積極性

活動意欲があり，研究心旺盛であること，進んで物事に取り組み，創造的に解決しようとする意欲が感じられること，話し方にファイトや情熱が感じられること，など。

●計画性

見通しをもって順序よく合理的に仕事をする性格かどうか，またその能力の有無。企業の将来性のなかに，自分の将来をどうかみ合わせていこうとしているか，現在の自分を出発点として，何を考え，どんな仕事をしたいのか。

●安定性

情緒の安定は，社会生活に欠くことのできない要素。自分自身をよく知っているか，他の人に流されない信念をもっているか。

●誠実性

自分に対して忠実であろうとしているか，物事に対してどれだけ誠実な考え方をしているか。

●社会性

企業は集団活動なので，自分の考えに固執したり，不平不満が多い性格は向かない。柔軟で適応性があるかどうか。

清潔感や明朗さ，若々しさといった外観面も重視される。

06 面接試験の質問内容

1. 志望動機

受験先の概要や事業内容はしっかりと頭の中に入れておく。また，その企業の企業活動の社会的意義と，自分自身の志望動機との関連を明確にしておく。「安定している」「知名度がある」「将来性がある」といった利己的な動機，「自

分の性格に合っている」というような，あいまいな動機では説得力がない。安定性や将来性は，具体的にどのような企業努力によって支えられているのかという考察も必要だし，それに対する受験者自身の評価や共感なども問われる。

①どうしてその業種なのか

②どうしてその企業なのか

③どうしてその職種なのか

以上の①〜③と，自分の性格や資質，専門などとの関連性を説明できるようにしておく。

自分がどうしてその会社を選んだのか，どこに大きな魅力を感じたのかを，できるだけ具体的に，情熱をもって語ることが重要。自分の長所と仕事の適性を結びつけてアピールし，仕事のやりがいや仕事に対する興味を述べるのもよい。

■複数の企業を受験していることは言ってもいい？

同じ職種，同じ業種で何社かかけもちしている場合，正直に答えてもかまわない。しかし，「第一志望はどこですか」というような質問に対して，正直に答えるべきかどうかというと，やはりこれは疑問がある。どんな会社でも，他社を第一志望にあげられれば，やはり愉快には思わない。

また，職種や業種の異なる会社をいくつか受験する場合も同様で，極端に性格の違う会社をあげれば，その矛盾を突かれるのは必至だ。

2. 仕事に対する意識・職業観

採用試験の段階では，次年度の配属予定が具体的に固まっていない会社もかなりある。具体的に職種や部署などを細分化して募集している場合は別だが，そうでない場合は，希望職種をあまり狭く限定しないほうが賢明。どの業界においても，採用後，新入社員には，研修としてその会社の各セクションをひと通り経験させる企業は珍しくない。そのうえで，具体的な配属計画を検討するのだ。

大切なことは，就職や職業というものを，自分自身の生き方の中にどう位置づけるか，また，自分の生活の中で仕事とはどういう役割を果たすのかを考えてみること。つまり自分の能力を活かしたい，社会に貢献したい，自分の存在価値を社会的に実現してみたい，ある分野で何か自分の力を試してみたい……，などの場合を考え，それを自分自身の人生観，志望職種や業種などとの関係を考えて組み立ててみる。自分の人生観をもとに，それを自分の言葉で表現できるようにすることが大切。

3. 自己紹介・自己PR

性格そのものを簡単に変えたり，欠点を克服したりすることは実際には難しいが，"仕方がない"という姿勢を見せることは禁物で，どんなささいなことでも，努力している面をアピールする。また一般的にいって，専門職を除けば，就職時になんらかの資格や技能を要求する企業は少ない。

ただ，資格をもっていれば採用に有利とは限らないが，専門性を要する業種では考慮の対象とされるものもある。たとえば英検，簿記など。

企業が学生に要求しているのは，4年間の勉学を重ねた学生が，どのように仕事に有用であるかということで，学生の知識や学問そのものを聞くのが目的ではない。あくまで，社会人予備軍としての謙虚さと素直さを失わないようにする。

知識や学力よりも，その人の人間性，ビジネスマンとしての可能性を重視するからこそ，面接担当者は，学生生活全般について尋ねることで，書類だけでは分からない人間性を探ろうとする。

何かうち込んだものや思い出に残る経験などは，その人の人間的な成長になんらかの作用を及ぼしているものだ。どんな経験であっても，そこから受けた印象や教訓などは，明確に答えられるようにしておきたい。

4. 一般常識・時事問題

一般常識・時事問題については筆記試験の分野に属するが，面接でこうしたテーマがもち出されることも珍しくない。受験者がどれだけ社会問題に関心をもっているか，一般常識をもっているか，また物事の見方・考え方に偏りがないかなどを判定する。知識や教養だけではなく，一問一答の応答を通じて，その人の性格や適応能力まで判断されることになる。

07 面接に向けての事前準備

■面接試験1カ月前までには万全の準備をととのえる

●志望会社・職種の研究

新聞の経済欄や経済雑誌などのほか，会社年鑑，株式情報など書物による研究をしたり，インターネットにあがっている企業情報や，検索によりさまざまな角度から調べる。すでにその会社へ就職している先輩や知人に会って知識を得たり，大学のキャリアセンターへ情報を求めるなどして総合的に判断する。

■専攻科目の知識・卒論のテーマなどの整理

大学時代にどれだけ勉強してきたか，専攻科目や卒論のテーマなどを整理しておく。

■時事問題に対する準備

毎日欠かさず新聞を読む。志望する企業の話題は，就職ノートに整理するなどもアリ。

面接当日の必需品

- ❏必要書類（履歴書，卒業見込証明書，成績証明書，健康診断書，推薦状）
- ❏学生証
- ❏就職ノート（志望企業ファイル）
- ❏印鑑，朱肉
- ❏筆記用具（万年筆，ボールペン，サインペン，シャープペンなど）
- ❏手帳，ノート
- ❏地図（訪問先までの交通機関などをチェックしておく）
- ❏現金（小銭も用意しておく）
- ❏腕時計（オーソドックスなデザインのもの）
- ❏ハンカチ，ティッシュペーパー
- ❏くし，鏡（女性は化粧品セット）
- ❏シューズクリーナー
- ❏ストッキング
- ❏折りたたみ傘（天気予報をチェックしておく）
- ❏携帯電話，充電器

■一般常識試験

> 社会人として企業活動を行ううえで最低限必要となる一般常識のほか,
> 英語, 国語, 社会(時事問題), 数学などの知識の程度を確認するもの。

　難易度はおおむね中学・高校の教科書レベル。一般常識の問題集を1冊やっておけばよいが, 業界によっては専門分野が出題されることもあるため, 必ず志望する企業のこれまでの試験内容は調べておく。

■一般常識試験の対策

・英語　慣れておくためにも, 教科書を復習する, 英字新聞を読むなど。

・国語　漢字, 四字熟語, 反対語, 同音異義語, ことわざをチェック。

・時事問題　新聞や雑誌, テレビ, ネットニュースなどアンテナを張っておく。

■適性検査

　SPI(Synthetic Personality Inventory)試験(SPI3試験)とも呼ばれ, 能力テストと性格テストを合わせたもの。

　能力テストでは国語能力を測る「言語問題」と, 数学能力を測る「非言語問題」がある。言語的能力, 知覚能力, 数的能力のほか, 思考・推理能力, 記憶力, 注意力などの問題で構成されている。

　性格テストは「はい」か「いいえ」で答えていく。仕事上の適性と性格の傾向などが一致しているかどうかをみる。

> SPIは職務への適応性を客観的にみるためのもの。

STEP 7　論作文の書き方

01 「論文」と「作文」

　一般に「論文」はあるテーマについて自分の意見を述べ，その論証をする文章で，必ず意見の主張とその論証という2つの部分で構成される。問題提起と論旨の展開，そして結論を書く。

　「作文」は，一般的には感想文に近いテーマ，たとえば「私の興味」「将来の夢」といったものがある。

　就職試験では「論文」と「作文」を合わせた"論作文"とでもいうようなものが出題されることが多い。

　論作文試験とは，「文章による面接」。テーマに書き手がどういう態度を持っているかを知ることが，出題の主な目的だ。受験者の知識・教養・人生観・社会観・職業観，そして将来への希望などが，どのような思考を経て，どう表現されているかによって，企業にとって，必要な人物かどうかを判断している。

　論作文の場合には，書き手の社会的意識や考え方に加え，「感銘を与える」働きが要求される。就職活動とは，企業に対し「自分をアピールすること」だということを常に念頭に置いておきたい。

Point

論文と作文の違い

	論　　文	作　　文
テーマ	学術的・社会的・国際的なテーマ。時事，経済問題など	個人的・主観的なテーマ。人生観，職業観など
表現	自分の意見や主張を明確に述べる。	自分の感想を述べる。
展開	四段型（起承転結）の展開が多い。	三段型（はじめに・本文・結び）の展開が多い。
文体	「だ調・である調」のスタイルが多い。	「です調・ます調」のスタイルが多い。

・テーマ

与えられた課題（テーマ）を，受験者はどのように理解しているか。

出題されたテーマの意義をよく考え，それに対する自分の意見や感情が，十分に整理されているかどうか。

・表現力

課題について本人が感じたり，考えたりしたことを，文章で的確に表しているか。

・字・用語・その他

かなづかいや送りがなが合っているか，文中で引用されている格言やことわざの類が使用法を間違えていないか，さらに誤字・脱字に至るまで，文章の基本的な力が受験者の人柄ともからんで厳密に判定される。

・オリジナリティ

魅力がある文章とは，オリジナリティを率直に出すこと。自分の感情や意見を，自分の言葉で表現する。

・生活態度

文章は，書き手の人格や人柄を映し出す。平素の社会的関心や他人との協調性，趣味や読書傾向はどうであるかといった，受験者の日常における生き方，生活態度がみられる。

・字の上手・下手

できるだけ読みやすい字を書く努力をする。また，制限字数より文章が長くなって原稿用紙の上下や左右の空欄に書き足したりすることは避ける。消しゴムで消す場合にも，丁寧に。

いずれの場合でも，表面的な文章力を問うているのではなく，受験者の人柄のほうを重視している。

実践編 マナーチェックリスト

就活において企業の人事担当は，面接試験やOG／OB訪問，そして面接試験において，あなたのマナーや言葉遣いといった，「常識力」をチェックしている。現在の自分はどのくらい「常識力」が身についているかをチェックリストで振りかえり，何ができて，何ができていないかを明確にしたうえで，今後の取り組みに生かしていこう。

評価基準　5：大変良い　4：やや良い　3：どちらともいえない　2：やや悪い　1：悪い

	項　目	評　価	メ　モ
挨拶	明るい笑顔と声で挨拶をしているか		
	相手を見て挨拶をしているか		
	相手より先に挨拶をしているか		
	お辞儀を伴った挨拶をしているか		
	直接の応対者でなくても挨拶をしているか		
表情	笑顔で応対しているか		
	表情に私的感情がでていないか		
	話しかけやすい表情をしているか		
	相手の話は真剣な顔で聞いているか		
身だしなみ	前髪は目にかかっていないか		
	髪型は乱れていないか／長い髪はまとめているか		
	髭の剃り残しはないか／化粧は健康的か		
	服は汚れていないか／清潔に手入れされているか		
	機能的で職業・立場に相応しい服装をしているか		
	華美なアクセサリーはつけていないか		
	爪は伸びていないか		
	靴下の色は適当か／ストッキングの色は自然な肌色か		
	靴の手入れは行き届いているか		
	ポケットに物を詰めすぎていないか		

項　目		評　価	メ　モ
言葉遣い	専門用語を使わず，相手にわかる言葉で話しているか		
	状況や相手に相応しい敬語を正しく使っているか		
	相手の聞き取りやすい音量・速度で話しているか		
	語尾まで丁寧に話しているか		
	気になる言葉癖はないか		
動作	物の授受は両手で丁寧に実施しているか		
	案内・指し示し動作は適切か		
	キビキビとした動作を心がけているか		
心構え	勤務時間・指定時間の5分前には準備が完了しているか		
	心身ともに健康管理をしているか		
	仕事とプライベートの切替えができているか		

☑ 常に自己点検をするクセをつけよう

「人を表情やしぐさ，身だしなみなどの見かけで判断してはいけない」と一般にいわれている。確かに，人の個性は見かけだけではなく，内面においても見いだされるもの。しかし，私たちは人を第一印象である程度決めてしまう傾向がある。それが面接試験など初対面の場合であればなおさらだ。したがって，チェックリストにあるような挨拶，表情，身だしなみ等に注意して面接試験に臨むことはとても重要だ。ただ，これらは面接試験前にちょっと対策したからといって身につくようなものではない。付け焼き刃的な対策をして面接試験に臨んでも，面接官はあっという間に見抜いてしまう。日頃からチェックリストにあるような項目を意識しながら行動することが大事であり，そうすることで，最初はぎこちない挨拶や表情等も，その人の個性に応じたすばらしい所作へ変わっていくことができるのだ。さっそく，本日から実行してみよう。

面接試験において，印象を決定づける表情はとても大事。
どのようにすれば感じのいい表情ができるのか，ポイントを確認していこう。

明るく,温和で
柔らかな表情をつくろう

人間関係の潤滑油

表情に関しては，まずは豊かである
ということがベースになってくる。う
れしい表情，困った表情，驚いた表
情など，さまざまな気持ちを表現で
きるということが，人間関係を潤いの
あるものにしていく。

Point

　表情はコミュニケーションの大前提。相手に「いつでも話しかけてくださ
いね」という無言の言葉を発しているのが，就活に求められる表情だ。面接
官が安心してコミュニケーションをとろうと思ってくれる表情。それが，明
るく，温和で柔らかな表情となる。

いますぐデキる
カンタンTraining

Training 01

喜怒哀楽を表してみよう

- ・人との出会いを楽しいと思うことが表情の基本
- ・表情を豊かにする大前提は相手の気持ちに寄り添うこと
- ・目元・口元だけでなく，眉の動きを意識することが大事

Training 02

表情筋のストレッチをしよう

- ・表情筋は「ウイスキー」の発音によって鍛える
- ・意識して毎日，取り組んでみよう
- ・笑顔の共有によって相手との距離が縮まっていく

コミュニケーションは挨拶から始まり，その挨拶ひとつで印象は変わるもの。
ポイントを確認していこう。

丁寧にしっかりと
はっきり挨拶をしよう

人間関係の第一歩

挨拶は心を開いて，相手に近づくコミュニケーションの第一歩。たかが挨拶，されど挨拶の重要性をわきまえて，きちんとした挨拶をしよう。形，つまり"技"も大事だが，心をこめることが最も重要だ。

Point

挨拶はコミュニケーションの第一歩。相手が挨拶するのを待っているのは望ましくない。挨拶の際のポイントは丁寧であることと，はっきり声に出すことの2つ。丁寧な挨拶は，相手を大事にして迎えている気持ちの表れとなる。はっきり声に出すことで，これもきちんと相手を迎えていることが伝わる。また，相手もその応答として挨拶してくれることで，会ってすぐに双方向のコミュニケーションが成立する。

カンタンTraining

Training 01

３つのお辞儀をマスターしよう

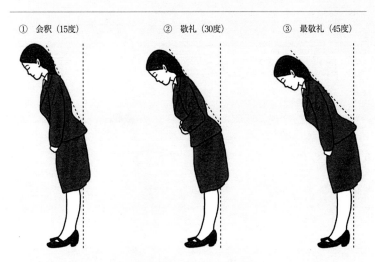

① 会釈（15度）　　② 敬礼（30度）　　③ 最敬礼（45度）

・息を吸うことを意識してお辞儀をするとキレイな姿勢に
・目線は真下ではなく，床前方1.5m先ぐらいを見よう
・相手への敬意を忘れずに

Training 02

対面時は言葉が先，お辞儀が後

・相手に体を向けて先に自ら挨拶をする
・挨拶時，相手とアイコンタクトを
　しっかり取ろう
・挨拶の後に，お辞儀をする。
　これを「語先後礼」という

聞く姿勢

コミュニケーションは「話す」よりも「聞く」ことといわれる。相手が話しやすい聞き方の，ポイントを確認しよう。

受容の立場で
傾聴しよう

相手の話を受けとめる

話を聞くときは，やや前に傾く姿勢をとる。表情と姿勢が合わさることにより，話し手の心が開き「あれも，これも話そう」という気持ちになっていく。また，「はい」と一度のお辞儀で頷くと相手の話を受け止めているというメッセージにつながる。

Point

話をすること，話を聞いてもらうことは誰にとってもプレッシャーを伴うもの。そのため，「何でも話して良いんですよ」「何でも話を聞きますよ」「心配しなくて良いんですよ」という気持ちで聞くことが大切になる。その気持ちが聞く姿勢に表れれば，相手は安心して話してくれる。

いますぐデキる
カンタン**Training**

Training **01**

頷きは一度で

・相手が話した後に「はい」と
　一言発する
・頷きすぎは逆効果

Training **02**

目線は自然に

・鼻の付け根あたりを見ると
　自然な印象に
・目を見つめすぎるのはNG

Training **03**

話の句読点で視線を移す

・視線は話している人を見ることが基本
・複数の人の話を聞くときは句読点を意識し，
　視線を振り分けることで聞く姿勢を表す

伝わる話し方

自分の意思を相手に明確に伝えるためには，話し方が重要となる。はっきりと的確に話すためのポイントを確認しよう。

明るい発声を
心がけよう

ボリュームを意識して

話すときのポイントとしては，ボリュームを意識することが挙げられる。会議室の一番奥にいる人に声が届くように意識することで，声のボリュームはコントロールされていく。

Point

コミュニケーションとは「伝達」すること。どのようなことも，適当に伝えるのではなく，伝えるべきことがきちんと相手に届くことが大切になる。そのためには，はっきりと，分かりやすく，丁寧に，心を込めて話すこと。言葉だけでなく，表情やジェスチャーを加えることも有効。

いますぐデキる
カンタンTraining

Training 01
腹式呼吸で発声練習

- 「あえいうえおあお」と発声する
- 腹式呼吸は，胸部をなるべく動かさずに，息を吸うときにお腹や腰が膨らむよう意識する呼吸法

Training 02
早口言葉にチャレンジ

> おあやや
> 母親に
> お謝り

- 「おあやや，母親に，お謝り」と早口で
- 口がすぼまった「お」と口が開いた「あ」の発音に，変化をつけられるかがポイント

Training 03
ジェスチャーを有効活用

- 腰より上でジェスチャーをする
- 体から離した位置に手をもっていく
- ジェスチャーをしたら戻すところをさだめておく

就職活動のはじめかた　179

身だしなみはその人自身を表すもの。身だしなみの基本について，ポイントを
確認しよう。

清潔感,さわやかさを
醸し出せるようにしよう

**プロの企業人に
ふさわしい身だしなみを**

信頼感，安心感をもたれる身だしな
みを考えよう。TPOに合わせた服装は,
すなわち"礼"を表している。そして,
身だしなみには,「清潔感」,「品のよさ」,
「控え目である」という，3つのポイ
ントがある。

Point

相手との心理的な距離や物理的な距離が遠ければ，コミュニケーションは
成立しにくくなる。見た目が不潔では誰も近付いてこない。身だしなみが
清潔であること，爽やかであることは相手との距離を縮めることにも繋がる。

いますぐデキる
カンタンTraining

Training 01

髪型，服装を整えよう

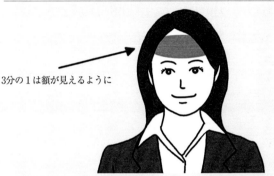

3分の1は額が見えるように

- 男性も女性も眉が見える髪型が望ましい。3分の1は額が見えるように。額は知性と清潔感を伝える場所。男性の髪の長さは耳や襟にかからないように
- スーツで相手の前に立つときは，ボタンはすべて留める。男性の場合は下のボタンは外す

Training 02

おしゃれとの違いを明確に

- 爪はできるだけ切りそろえる
- 爪の中の汚れにも注意
- ジェルネイル，ネイルアートはNG

Training 03

足元にも気を配って

- 女性の場合はパンプス，男性の場合は黒の紐靴が望ましい
- 靴はこまめに汚れを落とし見栄えよく

姿勢にはその人の意欲が反映される。前向き，活動的な姿勢を表すにはどうしたらよいか，ポイントを確認しよう。

前向き,活動的な 姿勢を維持しよう

一直線と左右対称

正しい立ち姿として，耳，肩，腰，くるぶしを結んだ線が一直線に並んでいることが最大のポイントになる。そのラインが直線に近づくほど立ち姿がキレイに整っていることになる。また，"左右対称"というのもキレイな姿勢の要素のひとつになる。

Point

　姿勢は，身体と心の状態を反映するもの。そのため，良い姿勢でいることは，印象が清々しいだけでなく，健康で元気そうに見え，話しかけやすさにも繋がる。歩く姿勢，立つ姿勢，座る姿勢など，どの場面にも心身の健康状態が表れるもの。日頃から心身の健康状態に気を配り，フィジカルとメンタル両面の自己管理を心がけよう。

いますぐデキる
カンタンTraining

Training 01

キレイな歩き方を心がけよう

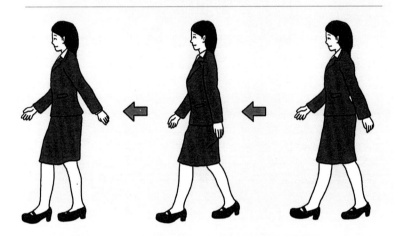

- 女性は1本の線上を，男性はそれよりも太い線上を沿うように歩く
- 一歩踏み出したときに前の足に体重を乗せるように，腰から動く
- 12時の方向につま先をもっていく

Training 02

前向きな気持ちを持とう

- 常に前向きな気持ちが姿勢を正す
- ポジティブ思考を心がけよう

言葉遣いの正しさはとは，場面にあった言葉を遣うということ。相手を気づかいながら，言葉を選ぶことで，より正しい言葉に近づいていく。

相手と場面に合わせた
ふさわしい言葉遣いを

次の文は接客の場面でよくある間違えやすい敬語です。
それぞれの言い方は○×どちらでしょうか。

問1 「資料をご拝読いただきありがとうございます」

問2 「こちらのパンフレットはもういただかれましたか？」

問3 「恐れ入りますが，こちらの用紙にご記入してください」

問4 「申し訳ございませんが，来週，休ませていただきます」

問5 「先ほどの件，帰りましたら上司にご報告いたしますので」

―Point―

　ビジネスのシーンに敬語は欠くことができない。何度もやり取りをしていく中で，親しさの度合いによっては，あえてくだけた表現を用いることもあるが，「親しき仲にも礼儀あり」と言われるように，敬意や心づかいをおろそかにしてはいけないもの。相手に誤解されたり，相手の気分を壊すことのないように，相手や場面にふさわしい言葉遣いが大切になる。

問1 （×）　○正しい言い換え例

→「ご覧いただきありがとうございます」など

「拝読」は自分が「読む」意味の謙譲語なので，相手の行為に使うのは誤り。読むと見るは同義なため，多く，見るの尊敬語「ご覧になる」が用いられる。

問2 （×）　○正しい言い換え例

→「お持ちですか」「お渡ししましたでしょうか」　など

「いただく」は，食べる・飲む・もらうの謙譲語。「もらったかどうか」と聞きたいのだから，「おもらいになりましたか」と言えないこともないが，持っているかどうか，受け取ったかどうかという意味で「お持ちですか」などが使われることが多い。また，自分側が渡すような場合は，「お渡しする」を使って「お渡ししましたでしょうか」などの言い方に換えることもできる。

問3 （×）　○正しい言い換え例

→「恐れ入りますが，こちらの用紙にご記入ください」など

「ご記入する」の「お（ご）～する」は謙譲語の形。相手の行為を謙譲語で表すことになるため誤り。「して」を取り除いて「ご記入ください」か，和語に言い換えて「お書きください」とする。ほかにも「お書き／ご記入・いただけますでしょうか・願います」などの表現もある。

問4 （△）

有給休暇を取る場合や，弔事等で休むような場面で，用いられることも多い。「休ませていただく」ということで一見丁寧に響くが，「来週休むと自分で休みを決めている」という勝手な表現にも受け取られかねない言葉だ。ここは同じ「させていただく」を用いても，相手の都合をうかがう言い方に換えて「○○がございまして，申し訳ございませんが，休みをいただいてもよろしいでしょうか」などの言い換えが好ましい。

問5 （×）○正しい言い換え例

→「上司に報告いたします」

「ご報告いたします」は，ソトの人との会話で使うとするならば誤り。「ご報告いたします」の「お・ご～いたす」は，「お・ご～する」と「～いたす」という2つの敬語を含む言葉。そのうちの「お・ご～する」は，主語である自分を低めて相手＝上司を高める働きをもつ表現（謙譲語Ⅰ）。一方「～いたす」は，主語の私を低めて，話の聞き手に対して丁重に述べる働きをもつ表現（謙譲語Ⅱ　丁重語）。「お・ご～する」も「～いたす」も同じ謙譲語であるため紛らわしいが，主語を低める（謙譲）という働きは同じでも，行為の相手を高める働きがあるかないかという点に違いがあるといえる。

敬語は正しく使用することで，相手の印象を大きく変えることができる。尊敬語，謙譲語の区別をはっきりつけて，誤った用法で話すことのないように気をつけよう。

言葉の使い方が
マナーを表す!

■よく使われる尊敬語の形　「言う・話す・説明する」の例

専用の尊敬語型	おっしゃる
～れる・～られる型	言われる・話される・説明される
お（ご）～になる型	お話しになる・ご説明になる
お（ご）～なさる型	お話しなさる・ご説明なさる

■よく使われる謙譲語の形　「言う・話す・説明する」の例

専用の謙譲語型	申す・申し上げる
お（ご）～する型	お話しする・ご説明する
お（ご）～いたす型	お話しいたします・ご説明いたします

Point

　同じ尊敬語・謙譲語でも，よく使われる代表的な形がある。ここではその一例をあげてみた。敬語の使い方に迷ったときなどは，まずはこの形を思い出すことで，大抵の語はこの型にはめ込むことができる。同じ言葉を用いたほうがよりわかりやすいといえるので，同義に使われる「言う・話す・説明する」を例に考えてみよう。

　ほかにも「お話しくださる」や「お話しいただく」「お元気でいらっしゃる」などの形もあるが，まずは表の中の形を見直そう。

なお，尊敬語の中の「言われる」などの「れる・られる」を付けた形は省力している。

基本	尊敬語（相手側）	謙譲語（自分側）
会う	お会いになる	お目にかかる・お会いする
言う	おっしゃる	申し上げる・申す
行く・来る	いらっしゃる おいでになる お見えになる お越しになる お出かけになる	伺う・参る お伺いする・参上する
いる	いらっしゃる・おいでになる	おる
思う	お思いになる	存じる
借りる	お借りになる	拝借する・お借りする
聞く	お聞きになる	拝聴する 拝聞する お伺いする・伺う お聞きする
知る	ご存じ（知っているという意で）	存じ上げる・存じる
する	なさる	いたす
食べる・飲む	召し上がる・お召し上がりになる お飲みになる	いただく・頂戴する
見る	ご覧になる	拝見する
読む	お読みになる	拝読する

「お伺いする」「お召し上がりになる」などは，「伺う」「召し上がる」自体が敬語なので
「二重敬語」ですが，慣習として定着しており間違いではないもの。

―Point―

　上記の「敬語表」は，よく使うと思われる動詞をそれぞれ尊敬語・謙譲語で表したもの。このように大体の言葉は型にあてはめることができる。言葉の中には「お（ご）」が付かないものもあるが，その場合でも「〜なさる」を使って，「スピーチなさる」や「運営なさる」などと言うことができる。また，表では，「言う」の尊敬語「言われる」の例は省いているが，れる・られる型の「言われる」よりも「おっしゃる」「お話しになる」「お話しなさる」などの言い方のほうが，より敬意も高く，言葉としても何となく響きが落ち着くといった印象を受けるものとなる。

会話は相手があってのこと。いかなる場合でも，相手に対する心くばりを忘れないことが，会話をスムーズに進めるためのコツになる。

心くばりを添えるひと言で
言葉の印象が変わる!

　相手に何かを頼んだり，また相手の依頼を断ったり，相手の抗議に対して反論したりする場面では，いきなり自分の意見や用件を切り出すのではなく，場面に合わせて心くばりを伝えるひと言を添えてから本題に移ると，響きがやわらかくなり，こちらの意向も伝えやすくなる。俗にこれは「クッション言葉」と呼ばれている。(右表参照)

Point

　ビジネスの場面で，相手と話したり手紙やメールを送る際には，何か依頼事があってという場合が多いもの。その場合に「ちょっとお願いなんですが…」では，ふだんの会話と変わりがないものになってしまう。そこを「突然のお願いで恐れ入りますが」「急にご無理を申しまして」「こちらの勝手で恐縮に存じますが」「折り入ってお願いしたいことがございまして」などの一言を添えることで，直接的なきつい感じが和らぐだけでなく，「申し訳ないのだけれど，もしもそうしていただくことができればありがたい」という，相手への配慮や願いの気持ちがより強まる。このような前置きの言葉もうまく用いて，言葉に心くばりを添えよう。

相手の意向を尋ねる場合	「よろしければ」「お差し支えなければ」
	「ご都合がよろしければ」「もしお時間がありましたら」
	「もしお嫌いでなければ」「ご興味がおありでしたら」
相手に面倒を かけてしまうような場合	「お手数をおかけしますが」
	「ご面倒をおかけしますが」
	「お手を煩わせまして恐縮ですが」
	「お忙しい時に申し訳ございませんが」
	「お時間を割いていただき申し訳ありませんが」
	「貴重なお時間を頂戴し恐縮ですが」
自分の都合を 述べるような場合	「こちらの勝手で恐縮ですが」
	「こちらの都合（ばかり）で申し訳ないのですが」
	「私どもの都合ばかりを申しまして，まことに申し訳なく存じますが」
	「ご無理を申し上げまして恐縮ですが」
急な話をもちかけた場合	「突然のお願いで恐れ入りますが」
	「急にご無理を申しまして」
	「もっと早くにご相談申し上げるべきところでございましたが」
	「差し迫ってのことでまことに申し訳ございませんが」
何度もお願いする場合	「たびたびお手数をおかけしまして恐縮に存じますが」
	「重ね重ね恐縮に存じますが」
	「何度もお手を煩わせまして申し訳ございませんが」
	「ご面倒をおかけしてばかりで，まことに申し訳ございませんが」
難しいお願いをする場合	「ご無理を承知でお願いしたいのですが」
	「たいへん申し上げにくいのですが」
	「折り入ってお願いしたいことがございまして」
あまり親しくない相手に お願いする場合	「ぶしつけなお願いで恐縮ですが」
	「ぶしつけながら」
	「まことに厚かましいお願いでございますが」
相手の提案・誘いを断る場合	「申し訳ございませんが」
	「（まことに）残念ながら」
	「せっかくのご依頼ではございますが」
	「たいへん恐縮ですが」
	「身に余るお言葉ですが」
	「まことに失礼とは存じますが」
	「たいへん心苦しいのですが」
	「お引き受けしたいのはやまやまですが」
問い合わせの場合	「つかぬことをうかがいますが」
	「突然のお尋ねで恐縮ですが」

ここでは文章の書き方における，一般的な敬称について言及している。はがき，手紙，メール等，通信手段はさまざま。それぞれの特性をふまえて有効活用しよう。

相手の気持ちになって
見やすく美しく書こう

■敬称のいろいろ

敬称	使う場面	例
様	職名・役職のない個人	（例）飯田知子様／ご担当者様／経理部長　佐藤一夫様
殿	職名・組織名・役職のある個人（公用文など）	（例）人事部長殿／教育委員会殿／田中四郎殿
先生	職名・役職のない個人	（例）松井裕子先生
御中	企業・団体・官公庁などの組織	（例）○○株式会社御中
各位	複数あてに同一文書を出すとき	（例）お客様各位／会員各位

Point

　封筒・はがきの表書き・裏書きは縦書きが基本だが，洋封筒で親しい人にあてる場合は，横書きでも問題ない。いずれにせよ，定まった位置に，丁寧な文字でバランス良く，正確に記すことが大切。特に相手の住所や名前を乱雑な文字で書くのは，配達の際の間違いを引き起こすだけでなく，受け取る側に不快な思いをさせる。相手の気持ちになって，見やすく美しく書くよう心がけよう。

■各通信手段の長所と短所

	長所	短所	用途
封書	・封を開けなければ本人以外の目に触れることがない。 ・丁寧な印象を受ける。	・多量の資料・画像送付には不向き。 ・相手に届くまで時間がかかる。	・儀礼的な文書(礼状・わび状など) ・目上の人あての文書 ・重要な書類 ・他人に内容を読まれたくない文書
はがき・カード	・封書よりも気軽にやり取りできる。 ・年賀状や季節の便り,旅先からの連絡など絵はがきとしても楽しむことができる。	・封に入っていないため,第三者の目に触れることがある。 ・中身が見えるので,改まった礼状やわび状,こみ入った内容には不向き。 ・相手に届くまで時間がかかる。	・通知状　　・案内状 ・送り状　　・旅先からの便り ・各種お祝い　・お礼 ・季節の挨拶
FAX	・手書きの図やイラストを文章といっしょに送れる。 ・すぐに届く。 ・控えが手元に残る。	・多量の資料の送付には不向き。 ・事務的な用途で使われることが多く,改まった内容の文書,初対面の人へは不向き。	・地図,イラストの入った文書 ・印刷物(本・雑誌など)
電話	・急ぎの連絡に便利。 ・相手の反応をすぐに確認できる。 ・直接声が聞けるので,安心感がある。	・連絡できる時間帯が制限される。 ・長々としたこみ入った内容は伝えづらい。	・緊急の用件 ・確実に用件を伝えたいとき
メール	・瞬時に届く。　　・控えが残る。 ・コストが安い。 ・大容量の資料や画像をデータで送ることができる。 ・一度に大勢の人に送ることができる。 ・相手の居場所や状況を気にせず送れる。	・事務的な印象を与えるので,改まった礼状やわび状には不向き。 ・パソコンや携帯電話を持っていない人には送れない。 ・ウィルスなどへの対応が必要。	・データで送りたいとき ・ビジネス上の連絡

Point

　はがきは手軽で便利だが,おわびやお願い,格式を重んじる手紙には不向きとなる。この種の手紙は内容もこみ入ったものとなり,加えて丁寧な文章で書かなければならないので,数行で済むことはまず考えられない。また,封筒に入っていないため,他人の目に触れるという難点もある。このように,はがきにも長所と短所があるため,使う場面や相手によって,他の通信手段と使い分けることが必要となる。

　はがき以外にも,封書・電話・FAX・メールなど,現代ではさまざまな通信手段がある。上に示したように,それぞれ長所と短所があるので,特徴を知って用途によって上手に使い分けよう。

社会人のマナーとして，電話応対のスキルは必要不可欠。まずは失礼なく電話に出ることからはじめよう。積極性が重要だ。

相手の顔が見えない分
対応には細心の注意を

■電話をかける場合

① ○○先生に電話をする

×「私，□□社の××と言いますが，○○様はおられますでしょうか？」

○「**××と申しますが，○○様はいらっしゃいますか？**」

「おられますか」は「おる」を謙譲語として使うため，通常は相手がいるかどうかに関しては，「いらっしゃる」を使うのが一般的。

② 相手の状況を確かめる

×「こんにちは，××です，先日のですね…」

○「**××です，先日は有り難うございました，今お時間よろしいでしょうか？**」

相手が忙しくないかどうか，状況を聞いてから話を始めるのがマナー。また，やむを得ず夜間や早朝，休日などに電話をかける際は，「夜分（朝早く）に申し訳ございません」「お休みのところ恐れ入ります」などのお詫びの言葉もひと言添えて話す。

③ 相手が不在，何時ごろ戻るかを聞く場合

×「戻りは何時ごろですか？」

○「**何時ごろお戻りになりますでしょうか？**」

「戻り」はそのままの言い方，相手にはきちんと尊敬語を使う。

④ また自分からかけることを伝える

×「そうですか，ではまたかけますので」

○「**それではまた後ほど（改めて）お電話させていただきます**」

戻る時間がわかる場合は，「またお戻りになりましたころにでも」「また午後にでも」などの表現もできる。

■電話を受ける場合

① 電話を取ったら

× 「はい，もしもし，○○（社名）ですが」

○ **「はい，○○（社名）でございます」**

② 相手の名前を聞いて

× 「どうも，どうも」

○ **「いつもお世話になっております」**

あいさつ言葉として定着している決まり文句ではあるが，日頃のお付き合いがあってこそ。あいさつ言葉もきちんと述べよう。「お世話様」という言葉も時折耳にするが，敬意が軽い言い方となる。適切な言葉を使い分けよう。

③ 相手が名乗らない

× 「どなたですか？」「どちらさまですか？」

○ **「失礼ですが，お名前をうかがってもよろしいでしょうか？」**

名乗るのが基本だが，尋ねる態度も失礼にならないように適切な応対を心がけよう。

④ 電話番号や住所を教えてほしいと言われた場合

× 「はい，いいでしょうか？」　　× 「メモのご用意は？」

○ **「はい，申し上げます，よろしいでしょうか？」**

「メモのご用意は？」は，一見親切なようにも聞こえるが，尋ねる相手も用意していることがほとんど。押し付けがましくならない程度に。

⑤ 上司への取次を頼まれた場合

× 「はい，今代わります」　　× 「○○部長ですね，お待ちください」

○ **「部長の○○でございますね，ただいま代わりますので，少々お待ちくださいませ」**

○○部長という表現は，相手側の言い方となる。自分側を述べる場合は，「部長の○○」「○○」が適切。

─Point─

自分から電話をかける場合は，まずは自分の会社名や氏名を名乗るのがマナー。たとえ目的の相手が直接出た場合でも，電話では相手の様子が見えないことがほとんど。自分の勝手な判断で話し始めるのではなく，相手の都合を伺い，そのうえで話を始めるのが社会人として必要な気配りとなる。

時候の挨拶

月	漢語調の表現 候，みぎりなどを付けて用いられます	口語調の表現
1月 (睦月)	初春・新春　頌春・小寒・大寒・厳寒	皆様におかれましては，よき初春をお迎えのことと存じます／厳しい寒さが続いております／珍しく暖かな寒の入りとなりました／大寒という言葉通りの厳しい寒さでございます
2月 (如月)	春寒・余寒・残寒・立春・梅花・向春	立春とは名ばかりの寒さ厳しい毎日でございます／梅の花もちらほらとふくらみ始め，春の訪れを感じる今日この頃です／春の訪れが待ち遠しいこのごろでございます
3月 (弥生)	早春・浅春・春寒・春分・春暖	寒さもようやくゆるみ，日ましに春めいてまいりました／ひと雨ごとに春めいてまいりました／日増しに暖かさが加わってまいりました
4月 (卯月)	春暖・陽春・桜花・桜花爛漫	桜花爛漫の季節を迎えました／春光うららかな好季節となりました／花冷えとでも申しましょうか，何だか肌寒い日が続いております
5月 (皐月)	新緑・薫風・惜春・晩春・立夏・若葉	風薫るさわやかな季節を迎えました／木々の緑が目にまぶしいようでございます／目に青葉，山ほととぎす，初鰹の句も思い出される季節となりました
6月 (水無月)	梅雨・向暑・初夏・薄暑・麦秋	初夏の風もさわやかな毎日でございます／梅雨前線が近づいてまいりました／梅雨の晴れ間にのぞく青空は，まさに夏を思わせるようです
7月 (文月)	盛夏・大暑・炎暑・酷暑・猛暑	梅雨が明けたとたん，うだるような暑さが続いております／長い梅雨も明け，いよいよ本格的な夏がやってまいりました／風鈴の音がわずかに涼を運んでくれているようです
8月 (葉月)	残暑・晩夏・処暑・秋暑	立秋とはほんとうに名ばかりの厳しい暑さの毎日です／残暑たえがたい毎日でございます／朝夕はいくらかしのぎやすくなってまいりました
9月 (長月)	初秋・新秋・爽秋・新涼・清涼	九月に入りましてもなお，日差しの強い毎日です／暑さもやっとおとろえはじめたようでございます／残暑も去り，ずいぶんとしのぎやすくなってまいりました
10月 (神無月)	清秋・錦秋・秋涼・秋冷・寒露	秋風もさわやかな過ごしやすい季節となりました／街路樹の葉も日ごとに色を増しております／紅葉の便りの聞かれるころとなりました／秋深く，日増しに冷気も加わってまいりました
11月 (霜月)	晩秋・暮秋・霜降・初霜・向寒	立冬を迎え，まさに冬到来を感じる寒さです／木枯らしの季節になりました／日ごとに冷気が増すようございます／朝夕はひときわ冷え込むようになりました
12月 (師走)	寒冷・初冬・師走・歳晩	師走を迎え，何かと慌ただしい日々をお過ごしのことと存じます／年の瀬も押しつまり，何かとお忙しくお過ごしのことと存じます／今年も残すところわずかとなりました，お忙しい毎日とお察しいたします

いますぐデキる
シチュエーション別会話例

シチュエーション1　　取引先との会話

「非常に素晴らしいお話で感心しました」→NG！

　「感心する」は相手の立派な行為や，優れた技量などに心を動かされるという意味。意味としては間違いではないが，目上の人に用いると，偉そうに聞こえかねない表現。「感動しました」などに言い換えるほうが好ましい。

シチュエーション2　　子どもとの会話

「お母さんは，明日はいますか？」→NG！

　たとえ子どもとの会話でも，子どもの年齢によっては，ある程度の敬語を使うほうが好ましい。「明日はいらっしゃいますか」では，むずかしすぎると感じるならば，「お出かけですか」などと表現することもできる。

シチュエーション3　　同僚との会話

「今，お暇ですか」→NG？

　同じ立場同士なので，暇に「お」が付いた形で「お暇」ぐらいでも構わないともいえるが，「暇」というのは，するべきことも何もない時間という意味。そのため「お暇ですか」では，あまりにも直接的になってしまう。その意味では「手が空いている」→「空いていらっしゃる」→「お手透き」などに言い換えることで，やわらかく敬意も含んだ表現になる。

シチュエーション4　　上司との会話

「なるほどですね」→NG！

　「なるほど」とは，相手の言葉を受けて，自分も同意見であることを表すため，相手の言葉・意見を自分が評価するというニュアンスも含まれている。そのため自分が評価して述べているという偉そうな表現にもなりかねない。同じ同意ならば，頷き「おっしゃる通りです」などの言葉のほうが誤解なく伝わる。

就活スケジュールシート

■年間スケジュールシート

1月	2月	3月	4月	5月	6月
企業関連スケジュール					
自己の行動計画					

就職活動をすすめるうえで，当然重要になってくるのは，自己のスケジュール管理だ。企業の選考スケジュールを把握することも大切だが，自分のペースで進めることになる自己分析や業界・企業研究，面接試験のトレーニング等の計画を立てることも忘れてはいけない。スケジュールシートに「記入」する作業を通して，短期・長期の両方の面から就職試験を考えるきっかけにしよう。

7月	8月	9月	10月	11月	12月
企業関連スケジュール					
自己の行動計画					

第4章

SPI対策

ほとんどの企業では，基本的な資質や能力を見極める
ため適性検査を実施しており，現在最も使われている
のがリクルートが開発した「SPI」である。

テストの内容は，「言語能力」「非言語能力」「性格」
の3つに分かれている。その人がどんな人物で，どん
な仕事で力を発揮しやすいのか，また，どんな組織に
なじみやすいかなどを把握するために行われる。

この章では，SPIの「言語能力」及び「非言語能力」の
分野で，頻出内容を絞って，演習問題を構成している。

演習問題に複数回チャレンジし，解説をしっかりと熟
読して，学習効果を高めよう。

SPI 対策

●SPIとは

　SPIは，Synthetic Personality Inventoryの略称で，株式会社リクルートが開発・販売を行っている就職採用向けのテストである。昭和49年から提供が始まり，平成14年と平成25年の2回改訂が行われ，現在はSPI3が最新になる。

　SPIは，応募者の仕事に対する適性，職業の適性能力，興味や関心を見極めるのに適しており，現在の就職採用テストでは主流となっている。

　SPIは，「知的能力検査」と「性格検査」の2領域にわけて測定され，知的能力検査は「言語能力検査（国語）」と「非言語能力検査（数学）」に分かれている。オプション検査として，「英語（ENG）検査」を実施することもある。性格適性検査では，性格を細かく分析するために，非常に多くの質問が出される。SPIの性格適性検査では，正式な回答はなく，全ての質問に正直に答えることが重要である。

　本章では，その中から，「言語能力検査」と「非言語能力検査」に絞って収録している。

●SPIを利用する企業の目的

　①：志望者から人数を絞る

　一部上場企業にもなると，数万単位の希望者が応募してくる。基本的な資質能力や会社への適性能力を見極めるため，SPIを使って，人数の絞り込みを行う。

　②：知的能力を見極める

　SPIは，応募者1人1人の基本的な知的能力を比較することができ，それによって，受検者の相対的な知的能力を見極めることが可能になる。

　③：性格をチェックする

　その職種に対する適性があるが，300程度の簡単な質問によって発想力やパーソナリティを見ていく。性格検査なので，正解というものはなく，正直に回答していくことが重要である。

●SPIの受検形式

SPIは，企業の会社説明会や会場で実施される「ペーパーテスト形式」と，パソコンを使った「テストセンター形式」とがある。

近年，ペーパーテスト形式は減少しており，ほとんどの企業が，パソコンを使ったテストセンター形式を採用している。志望する企業がどのようなテストを採用しているか，早めに確認し，対策を立てておくこと。

●SPIの出題形式

SPIは，言語分野，非言語分野，英語（ENG），性格適性検査に出題形式が分かれている。

科目	出題範囲・内容
言語分野	二語の関係，語句の意味，語句の用法，文の並び換え，空欄補充，熟語の成り立ち，文節の並び換え，長文読解　等
非言語分野	推論，場合の数，確率，集合，損益算，速度算，表の読み取り，資料の読み取り，長文読み取り　等
英語（ENG）	同意語，反意語，空欄補充，英英辞書，誤文訂正，和文英訳，長文読解　等
性格適性検査	質問：300問程度　時間：約35分

●受検対策

本章では，出題が予想される問題を厳選して収録している。問題と解答だけではなく，詳細な解説も収録しているので，分からないところは複数回問題を解いてみよう。

言語分野

同音異義語

●あいせき
哀惜　死を悲しみ惜しむこと
愛惜　惜しみ大切にすること

●いぎ
意義　意味・内容・価値
異議　他人と違う意見
威儀　いかめしい挙動
異義　異なった意味

●いし
意志　何かをする積極的な気持ち
意思　しようとする思い・考え

●いどう
異同　異なり・違い・差
移動　場所を移ること
異動　地位・勤務の変更

●かいこ
懐古　昔を懐かしく思うこと
回顧　過去を振り返ること
解雇　仕事を辞めさせること

●かいてい
改訂　内容を改め直すこと
改定　改めて定めること

●かんしん
関心　気にかかること
感心　心に強く感じること
歓心　嬉しいと思う心

寒心　肝を冷やすこと

●きてい
規定　規則・定め
規程　官公庁などの規則

●けんとう
見当　だいたいの推測・判断・
　　　めあて
検討　調べ究めること

●こうてい
工程　作業の順序
行程　距離・みちのり

●じき
直　　すぐに
時期　時・折り・季節
時季　季節・時節
時機　適切な機会

●しゅし
趣旨　趣意・理由・目的
主旨　中心的な意味

●たいけい
体型　人の体格
体形　人や動物の形態
体系　ある原理に基づき個々のも
　　　のを統一したもの
大系　系統立ててまとめた叢書

●たいしょう

対象　行為や活動が向けられる相
　　　手
対称　対応する位置にあること
対照　他のものと照らし合わせる
　　　こと
●たんせい
端正　人の行状が正しくきちんと
　　　しているさま
端整　人の容姿が整っているさま
●はんざつ
繁雑　ごたごたと込み入ること

煩雑　煩わしく込み入ること
●ほしょう
保障　保護して守ること
保証　確かだと請け合うこと
補償　損害を補い償うこと
●むち
無知　知識・学問がないこと
無恥　恥を知らないこと
●ようけん
要件　必要なこと
用件　なすべき仕事

同訓漢字

●あう
合う…好みに合う。答えが合う。
会う…客人と会う。立ち会う。
遭う…事故に遭う。盗難に遭う。
●あげる
上げる…プレゼントを上げる。効
　　　　果を上げる。
挙げる…手を挙げる。全力を挙げ
　　　　る。
揚げる…凧を揚げる。てんぷらを
　　　　揚げる。
●あつい
暑い…夏は暑い。暑い部屋。
熱い…熱いお湯。熱い視線を送る。
厚い…厚い紙。面の皮が厚い。
篤い…志の篤い人。篤い信仰。
●うつす
写す…写真を写す。文章を写す。
映す…映画をスクリーンに映す。
　　　鏡に姿を映す。

●おかす
冒す…危険を冒す。病に冒された
　　　人。
犯す…犯罪を犯す。法律を犯す。
侵す…領空を侵す。プライバシー
　　　を侵す。
●おさめる
治める…領地を治める。水を治め
　　　　る。
収める…利益を収める。争いを収
　　　　める。
修める…学問を修める。身を修め
　　　　る。
納める…税金を納める。品物を納
　　　　める。
●かえる
変える…世界を変える。性格を変
　　　　える。
代える…役割を代える。背に腹は
　　　　代えられぬ。

替える…円をドルに替える。服を
　　替える。

●きく

聞く…うわさ話を聞く。明日の天
　　気を聞く。

聴く…音楽を聴く。講義を聴く。

●しめる

閉める…門を閉める。ドアを閉め
　　る。

締める…ネクタイを締める。気を
　　引き締める。

絞める…首を絞める。絞め技をか
　　ける。

●すすめる

進める…足を進める。話を進める。

勧める…縁談を勧める。加入を勧
　　める。

薦める…生徒会長に薦める。

●つく

付く…傷が付いた眼鏡。気が付く。

着く…待ち合わせ場所の公園に着
　　く。地に足が着く。

就く…仕事に就く。外野の守備に
　　就く。

●つとめる

務める…日本代表を務める。主役
　　を務める。

努める…問題解決に努める。療養
　　に努める。

勤める…大学に勤める。会社に勤
　　める。

●のぞむ

望む…自分の望んだ夢を追いかけ
　　る。

臨む…記者会見に臨む。決勝に臨
　　む。

●はかる

計る…時間を計る。将来を計る。

測る…飛行距離を測る。水深を測
　　る。

●みる

見る…月を見る。ライオンを見る。

診る…患者を診る。脈を診る。

演習問題

1　カタカナで記した部分の漢字として適切なものはどれか。

　1　手続きがハンザツだ　　　　　　【汎雑】
　2　誤りをカンカすることはできない　【観過】
　3　ゲキヤクなので取扱いに注意する　【激薬】
　4　クジュウに満ちた選択だった　　　【苦重】
　5　キセイの基準に従う　　　　　　　【既成】

2 下線部の漢字として適切なものはどれか。
家で飼っている熱帯魚を<u>かんしょう</u>する。
1 干渉
2 観賞
3 感傷
4 勧奨
5 鑑賞

3 下線部の漢字として適切なものはどれか。
彼に責任を<u>ついきゅう</u>する。
1 追窮
2 追究
3 追給
4 追求
5 追及

4 下線部の語句について，両方とも正しい表記をしているものはどれか。
1 私と母とは<u>相生</u>がいい。　・この歌を<u>愛唱</u>している。
2 それは<u>規成</u>の事実である。　・<u>既製</u>品を買ってくる。
3 同音<u>異義</u>語を見つける。　・会議で<u>意議</u>を申し立てる。
4 選挙の<u>大勢</u>が決まる。　・作曲家として<u>大成</u>する。
5 <u>無常</u>の喜びを味わう。　・<u>無情</u>にも雨が降る。

5 下線部の漢字として適切なものはどれか。
彼の体調は<u>かいほう</u>に向かっている。
1 介抱
2 快方
3 解放
4 回報
5 開放

1 5

解説 1 「煩雑」が正しい。「汎」は「汎用(はんよう)」などと使う。
2 「看過」が正しい。「観」は「観光」や「観察」などと使う。 3 「劇薬」
が正しい。「少量の使用であってもはげしい作用のするもの」という意味
であるが「激」を使わないことに注意する。 4 「苦渋」が正しい。苦し
み悩むという意味で、「苦悩」と同意であると考えてよい。 5 「既成概
念」などと使う場合もある。同音で「既製」という言葉があるが、これは
「既製服」や「既製品」という言葉で用いる。

2 2

解説 同音異義語や同訓異字の問題は、その漢字を知っているだけで
は対処できない。「植物や魚などの美しいものを見て楽しむ」場合は「観
賞」を用いる。なお、「芸術作品」に関する場合は「鑑賞」を用いる。

3 5

解説 「ついきゅう」は、特に「追究」「追求」「追及」が頻出である。「追
究」は「あることについて徹底的に明らかにしようとすること」、「追求」
は「あるものを手に入れようとすること」、「追及」は「後から厳しく調べ
ること」という意味である。ここでは、「責任」という言葉の後にあるので、
「厳しく」という意味が含まれている「追及」が適切である。

4 4

解説 1の「相生」は「相性」、2の「規成」は「既成」、3の「意議」は「異
議」、5の「無常」は「無上」が正しい。

5 2

解説 「快方」は「よい方向に向かっている」という意味である。なお、
1は病気の人の世話をすること、3は束縛を解いて自由にすること、4は
複数人で回し読む文書、5は出入り自由として開け放つ、の意味。

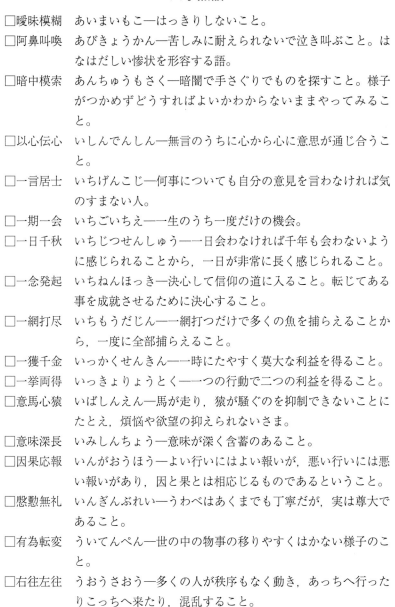

熟語

四字熟語

☐曖昧模糊　あいまいもこ—はっきりしないこと。

☐阿鼻叫喚　あびきょうかん—苦しみに耐えられないで泣き叫ぶこと。はなはだしい惨状を形容する語。

☐暗中模索　あんちゅうもさく—暗闇で手さぐりでものを探すこと。様子がつかめずどうすればよいかわからないままやってみること。

☐以心伝心　いしんでんしん—無言のうちに心から心に意思が通じ合うこと。

☐一言居士　いちげんこじ—何事についても自分の意見を言わなければ気のすまない人。

☐一期一会　いちごいちえ—一生のうち一度だけの機会。

☐一日千秋　いちじつせんしゅう—一日会わなければ千年も会わないように感じられることから，一日が非常に長く感じられること。

☐一念発起　いちねんほっき—決心して信仰の道に入ること。転じてある事を成就させるために決心すること。

☐一網打尽　いちもうだじん—一網打つだけで多くの魚を捕らえることから，一度に全部捕らえること。

☐一獲千金　いっかくせんきん—一時にたやすく莫大な利益を得ること。

☐一挙両得　いっきょりょうとく—一つの行動で二つの利益を得ること。

☐意馬心猿　いばしんえん—馬が走り，猿が騒ぐのを抑制できないことにたとえ，煩悩や欲望の抑えられないさま。

☐意味深長　いみしんちょう—意味が深く含蓄のあること。

☐因果応報　いんがおうほう—よい行いにはよい報いが，悪い行いには悪い報いがあり，因と果とは相応じるものであるということ。

☐慇懃無礼　いんぎんぶれい—うわべはあくまでも丁寧だが，実は尊大であること。

☐有為転変　ういてんぺん—世の中の物事の移りやすくはかない様子のこと。

☐右往左往　うおうさおう—多くの人が秩序もなく動き，あっちへ行ったりこっちへ来たり，混乱すること。

□右顧左眄　うこさべん―右を見たり，左を見たり，周囲の様子ばかりうかがっていて決断しないこと。

□有象無象　うぞうむぞう―世の中の無形有形の一切のもの。たくさん集まったつまらない人々。

□海千山千　うみせんやません―経験を積み，その世界の裏まで知り抜いている老獪な人。

□紆余曲折　うよきょくせつ―まがりくねっていること。事情が込み入って，状況がいろいろ変化すること。

□雲散霧消　うんさんむしょう―雲や霧が消えるように，あとかたもなく消えること。

□栄枯盛衰　えいこせいすい―草木が繁り，枯れていくように，盛んになったり衰えたりすること。世の中の浮き沈みのこと。

□栄耀栄華　えいようえいが―権力や富貴をきわめ，おごりたかぶること。

□会者定離　えしゃじょうり―会う者は必ず離れる運命をもつということ。人生の無常を説いたことば。

□岡目八目　おかめはちもく―局外に立ち，第三者の立場で物事を観察すると，その是非や損失がよくわかるということ。

□温故知新　おんこちしん―古い事柄を究め新しい知識や見解を得ること。

□臥薪嘗胆　がしんしょうたん―たきぎの中に寝，きもをなめる意で，目的を達成するのために苦心，苦労を重ねること。

□花鳥風月　かちょうふうげつ―自然界の美しい風景，風雅のこころ。

□我田引水　がでんいんすい―自分の利益となるように発言したり行動したりすること。

□画竜点睛　がりょうてんせい―竜を描いて最後にひとみを描き加えたところ，天に上ったという故事から，物事を完成させるために最後に付け加える大切な仕上げ。

□夏炉冬扇　かろとうせん―夏の火鉢，冬の扇のようにその場に必要のない事物。

□危急存亡　ききゅうそんぼう―危機が迫ってこのまま生き残れるか滅びるかの瀬戸際。

□疑心暗鬼　ぎしんあんき―心の疑いが妄想を引き起こして実際にはいない鬼の姿が見えるようになることから，疑心が起こると何で

もないことまで恐ろしくなること。

□玉石混交　ぎょくせきこんこう―すぐれたものとそうでないものが入り
　　　　　　混じっていること。

□荒唐無稽　こうとうむけい―言葉や考えによりどころがなく，とりとめ
　　　　　　もないこと。

□五里霧中　ごりむちゅう―迷って考えの定まらないこと。

□針小棒大　しんしょうぼうだい―物事を大袈裟にいうこと。

□大同小異　だいどうしょうい―細部は異なっているが総体的には同じで
　　　　　　あること。

□馬耳東風　ばじとうふう―人の意見や批評を全く気にかけず聞き流すこ
　　　　　　と。

□波瀾万丈　はらんばんじょう―さまざまな事件が次々と起き，変化に富
　　　　　　むこと。

□付和雷同　ふわらいどう――一定の見識がなくただ人の説にわけもなく賛
　　　　　　同すること。

□粉骨砕身　ふんこつさいしん―力の限り努力すること。

□羊頭狗肉　ようとうくにく―外見は立派だが内容がともなわないこと。

□竜頭蛇尾　りゅうとうだび―初めは勢いがさかんだが最後はふるわない
　　　　　　こと。

□臨機応変　りんきおうへん―時と場所に応じて適当な処置をとること。

演習問題

1 「海千山千」の意味として適切なものはどれか。
　1　様々な経験を積み，世間の表裏を知り尽くしてずる賢いこと
　2　今までに例がなく，これからもあり得ないような非常に珍しいこと
　3　人をだまし丸め込む手段や技巧のこと
　4　一人で千人の敵を相手にできるほど強いこと
　5　広くて果てしないこと

四字熟語として適切なものはどれか。
 1 竜頭堕尾
 2 沈思黙考
 3 孟母断危
 4 理路正然
 5 猪突猛伸

3 四字熟語の漢字の使い方がすべて正しいものはどれか。
 1 純真無垢　　青天白日　　疑心暗鬼
 2 短刀直入　　自我自賛　　危機一髪
 3 厚顔無知　　思考錯誤　　言語同断
 4 異句同音　　一鳥一石　　好機当来
 5 意味深長　　興味深々　　五里霧中

4 「一蓮托生」の意味として適切なものはどれか。
 1 一味の者を一度で全部つかまえること。
 2 物事が順調に進行すること。
 3 ほかの事に注意をそらさず，一つの事に心を集中させているさま。
 4 善くても悪くても行動・運命をともにすること。
 5 妥当なものはない。

5 故事成語の意味で適切なものはどれか。
 「塞翁(さいおう)が馬」
 1 たいして差がない
 2 幸不幸は予測できない
 3 肝心なものが欠けている
 4 実行してみれば意外と簡単
 5 努力がすべてむだに終わる

○○○解答・解説○○○

1　1

解説　2は「空前絶後」, 3は「手練手管」, 4は「一騎当千」, 5は「広大無辺」である。

2　2

解説　2の沈思黙考は,「思いにしずむこと。深く考えこむこと。」の意味である。なお, 1は竜頭蛇尾(始めは勢いが盛んでも, 終わりにはふるわないこと), 3は孟母断機(孟子の母が織りかけの織布を断って, 学問を中途でやめれば, この断機と同じであると戒めた譬え), 4は理路整然(話や議論の筋道が整っていること), 5は猪突猛進(いのししのように向こう見ずに一直線に進むこと)が正しい。

3　1

解説　2は「単刀直入」「自画自賛」, 3は「厚顔無恥」「試行錯誤」「言語道断」, 4は「異口同音」「一朝一夕」「好機到来」, 5は「興味津々」が正しい。四字熟語の意味を理解する際, どのような字で書かれているかを意識するとよい。

4　4

解説　「一蓮托生」は, よい行いをした者は天国に行き, 同じ蓮の花の上に生まれ変わるという仏教の教えから,「(ことの善悪にかかわらず)仲間として行動や運命をともにすること」をいう。

5　2

解説　「塞翁が馬」は「人間万事塞翁が馬」と表す場合もある。1は「五十歩百歩」, 3は「画竜点睛に欠く」, 4は「案ずるより産むが易し」, 5は「水泡に帰する」の故事成語の意味である。

非言語分野

演習問題

$\boxed{1}$ 分数 $\dfrac{30}{7}$ を小数で表したとき，小数第100位の数字として正しいものはどれか。

  1　1　　2　2　　3　4　　4　5　　5　7

$\boxed{2}$ $x=\sqrt{2}-1$ のとき，$x+\dfrac{1}{x}$ の値として正しいものはどれか。

  1　$2\sqrt{2}$　　2　$2\sqrt{2}-2$　　3　$2\sqrt{2}-1$　　4　$3\sqrt{2}-3$

  5　$3\sqrt{2}-2$

$\boxed{3}$ 360の約数の総和として正しいものはどれか。

  1　1060　　2　1170　　3　1250　　4　1280　　5　1360

$\boxed{4}$ $\dfrac{x}{2}=\dfrac{y}{3}=\dfrac{z}{5}$ のとき，$\dfrac{x-y+z}{3x+y-z}$ の値として正しいものはどれか。

  1　-2　　2　-1　　3　$\dfrac{1}{2}$　　4　1　　5　$\dfrac{3}{2}$

$\boxed{5}$ $\dfrac{\sqrt{2}}{\sqrt{2}-1}$ の整数部分を a，小数部分を b とするとき，$a \times b$ の値として正しいものは次のうちどれか。

  1　$\sqrt{2}$　　2　$2\sqrt{2}-2$　　3　$2\sqrt{2}-1$　　4　$3\sqrt{2}-3$

  5　$3\sqrt{2}-2$

$\boxed{6}$ $x=\sqrt{5}+\sqrt{2}$，$y=\sqrt{5}-\sqrt{2}$ のとき，x^2+xy+y^2 の値として正しいものはどれか。

  1　15　　2　16　　3　17　　4　18　　5　19

7 $\dfrac{\sqrt{2}}{\sqrt{2}-1}$ の整数部分を a, 小数部分を b とするとき, b^2 の値として正しいものはどれか。

 1 $2-\sqrt{2}$ 2 $1+\sqrt{2}$ 3 $2+\sqrt{2}$ 4 $3+\sqrt{2}$

 5 $3-2\sqrt{2}$

8 ある中学校の生徒全員のうち, 男子の7.5%, 女子の6.4%を合わせて37人がバドミントン部員であり, 男子の2.5%, 女子の7.2%を合わせて25人が吹奏楽部員である。この中学校の女子全員の人数は何人か。

 1 246人 2 248人 3 250人 4 252人 5 254人

9 連続した3つの正の偶数がある。その小さい方2数の2乗の和は, 一番大きい数の2乗に等しいという。この3つの数のうち, 最も大きい数として正しいものはどれか。

 1 6 2 8 3 10 4 12 5 14

○○○解答・解説○○○

1 5

解説 実際に30を7で割ってみると,
$\dfrac{30}{7} = 4.28571428571$……となり, 小数点以下は, 6つの数字 "285714" が繰り返されることがわかる。$100 \div 6 = 16$ 余り 4 だから, 小数第 100 位は, "285714" のうちの4つ目の "7" である。

2 1

解説 $x = \sqrt{2}-1$ を $x+\dfrac{1}{x}$ に代入すると,

$$x+\dfrac{1}{x} = \sqrt{2}-1+\dfrac{1}{\sqrt{2}-1} = \sqrt{2}-1+\dfrac{\sqrt{2}+1}{(\sqrt{2}-1)(\sqrt{2}+1)}$$

$$= \sqrt{2}-1+\dfrac{\sqrt{2}+1}{2-1}$$

$$= \sqrt{2}-1+\sqrt{2}+1 = 2\sqrt{2}$$

$\boxed{3}$ 2

解説　360を素因数分解すると，$360 = 2^3 \times 3^2 \times 5$ であるから，約数の総和は$(1 + 2 + 2^2 + 2^3)(1 + 3 + 3^2)(1 + 5) = (1 + 2 + 4 + 8)(1 + 3 + 9)(1 + 5) = 15 \times 13 \times 6 = 1170$ である。

$\boxed{4}$ 4

解説　$\dfrac{x}{2} = \dfrac{y}{3} = \dfrac{z}{5} = A$　とおく。

$x = 2A$, $y = 3A$, $z = 5A$　となるから，

$x - y + z = 2A - 3A + 5A = 4A$, $\quad 3x + y - z = 6A + 3A - 5A = 4A$

したがって，$\dfrac{x - y + z}{3x + y - z} = \dfrac{4A}{4A} = 1$　である。

$\boxed{5}$ 4

解説　分母を有理化する。

$\dfrac{\sqrt{2}}{\sqrt{2} - 1} = \dfrac{\sqrt{2}(\sqrt{2} + 1)}{(\sqrt{2} - 1)(\sqrt{2} + 1)} = \dfrac{2 + \sqrt{2}}{2 - 1} = 2 + \sqrt{2} = 2 + 1.414\cdots = 3.414\cdots$

であるから，$a = 3$であり，$b = (2 + \sqrt{2}) - 3 = \sqrt{2} - 1$ となる。

したがって，$a \times b = 3(\sqrt{2} - 1) = 3\sqrt{2} - 3$

$\boxed{6}$ 3

解説　$(x + y)^2 = x^2 + 2xy + y^2$ であるから，

$x^2 + xy + y^2 = (x + y)^2 - xy$ と表せる。

ここで，$x + y = (\sqrt{5} + \sqrt{2}) + (\sqrt{5} - \sqrt{2}) = 2\sqrt{5}$,

$\qquad xy = (\sqrt{5} + \sqrt{2})(\sqrt{5} - \sqrt{2}) = 5 - 2 = 3$

であるから，求める$(x + y)^2 - xy = (2\sqrt{5})^2 - 3 = 20 - 3 = 17$

$\boxed{7}$ 5

解説　分母を有理化すると，

$\dfrac{\sqrt{2}}{\sqrt{2} - 1} = \dfrac{\sqrt{2}(\sqrt{2} + 1)}{(\sqrt{2} - 1)(\sqrt{2} + 1)} = \dfrac{2 + \sqrt{2}}{2 - 1} = 2 + \sqrt{2}$

$\sqrt{2} = 1.4142\cdots\cdots$であるから，$2 + \sqrt{2} = 2 + 1.4142\cdots\cdots = 3.14142\cdots\cdots$

したがって，$a = 3$，$b = 2 + \sqrt{2} - 3 = \sqrt{2} - 1$といえる。

したがって，$b^2 = (\sqrt{2} - 1)^2 = 2 - 2\sqrt{2} + 1 = 3 - 2\sqrt{2}$である。

8　3

解説　男子全員の人数を x，女子全員の人数を y とする。

$0.075x + 0.064y = 37\cdots$ ①

$0.025x + 0.072y = 25\cdots$ ②

① − ② × 3 より

$$\begin{array}{r} \left\{\begin{array}{l} 0.075x + 0.064y = 37\cdots ① \\ 0.075x + 0.216y = 75\cdots ②' \end{array}\right. \\ \hline -\ )\phantom{\left\{\right.} \\ -0.152y = -38 \end{array}$$

∴　$152y = 38000$　∴　$y = 250$　$x = 280$

よって，女子全員の人数は250人。

9　3

解説　3つのうちの一番小さいものを $x(x>0)$ とすると，連続した3つの正の偶数は，x, $x+2$, $x+4$ であるから，与えられた条件より，次の式が成り立つ。$x^2 + (x+2)^2 = (x+4)^2$　かっこを取って，$x^2 + x^2 + 4x + 4 = x^2 + 8x + 16$　整理して，$x^2 - 4x - 12 = 0$　よって，$(x+2)(x-6) = 0$　よって，$x = -2, 6$　　$x>0$ だから，$x = 6$ である。したがって，3つの偶数は，6, 8, 10である。このうち最も大きいものは，10である。

演習問題

1 家から駅までの道のりは30kmである。この道のりを，初めは時速5km，途中から，時速4kmで歩いたら，所要時間は7時間であった。時速5kmで歩いた道のりとして正しいものはどれか。

  1 8km   2 10km   3 12km   4 14km   5 15km

2 横の長さが縦の長さの2倍である長方形の厚紙がある。この厚紙の四すみから，一辺の長さが4cmの正方形を切り取って，折り曲げ，ふたのない直方体の容器を作る。その容積が64cm³のとき，もとの厚紙の縦の長さとして正しいものはどれか。

  1 $6-2\sqrt{3}$ 2 $6-\sqrt{3}$ 3 $6+\sqrt{3}$ 4 $6+2\sqrt{3}$
  5 $6+3\sqrt{3}$

3 縦50m，横60mの長方形の土地がある。この土地に，図のような直角に交わる同じ幅の通路を作る。通路の面積を土地全体の面積の $\dfrac{1}{3}$ 以下にするには，通路の幅を何m以下にすればよいか。

  1 8m   2 8.5m   3 9m   4 10m
  5 10.5m

4 下の図のような，曲線部分が半円で，1周の長さが240mのトラックを作る。中央の長方形ABCDの部分の面積を最大にするには，直線部分ADの長さを何mにすればよいか。次から選べ。

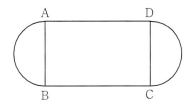

  1 56m   2 58m   3 60m   4 62m   5 64m

5 AとBの2つのタンクがあり，Aには8m³，Bには5m³の水が入っている。Aには毎分1.2m³，Bには毎分0.5m³ずつの割合で同時に水を入れ始めると，Aの水の量がBの水の量の2倍以上になるのは何分後からか。正しいものはどれか。

1 8分後　　2 9分後　　3 10分後　　4 11分後　　5 12分後

○○○解答・解説○○○

1 2

解説　時速5kmで歩いた道のりを$x$kmとすると，時速4kmで歩いた道のりは，$(30-x)$ kmであり，時間＝距離÷速さ　であるから，次の式が成り立つ。

$$\frac{x}{5}+\frac{30-x}{4}=7$$

両辺に20をかけて，$4x+5(30-x)=7\times20$

整理して，$4x+150-5x=140$

よって，$x=10$ である。

2 4

解説　厚紙の縦の長さを$x$cmとすると，横の長さは$2x$cmである。また，このとき，容器の底面は，縦$(x-8)$cm，横$(2x-8)$cmの長方形で，容器の高さは4cmである。

厚紙の縦，横，及び，容器の縦，横の長さは正の数であるから，

$x>0$, $x-8>0$, $2x-8>0$

すなわち，$x>8$……①

容器の容積が64cm³であるから，

$4(x-8)(2x-8)=64$となり，

$(x-8)(2x-8)=16$

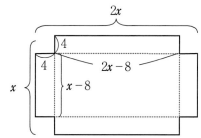

これより，$(x-8)(x-4)=8$

$x^2-12x+32=8$となり，$x^2-12x+24=0$

よって，$x=6\pm\sqrt{6^2-24}=6\pm\sqrt{12}=6\pm2\sqrt{3}$

このうち①を満たすものは，$x=6+2\sqrt{3}$

$\boxed{3}$ 4

解説 通路の幅をxmとすると，$0<x<50$……①

また，$50x+60x-x^2\leqq1000$

よって，$(x-10)(x-100)\geqq0$

したがって，$x\leqq10$，$100\leqq x$……②

①②より，$0<x\leqq10$　つまり，10m以下。

$\boxed{4}$ 3

解説 直線部分ADの長さをxmとおくと，$0<2x<240$より，xのとる値の範囲は，$0<x<120$である。

半円の半径をrmとおくと，

$2\pi r=240-2x$より，

$r=\dfrac{120}{\pi}-\dfrac{x}{\pi}=\dfrac{1}{\pi}(120-x)$

長方形ABCDの面積をym²とすると，

$y=2r\cdot x=2\cdot\dfrac{1}{\pi}(120-x)x$

$=-\dfrac{2}{\pi}(x^2-120x)$

$=-\dfrac{2}{\pi}(x-60)^2+\dfrac{7200}{\pi}$

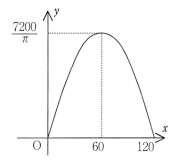

この関数のグラフは，図のようになる。yは$x=60$のとき最大となる。

$\boxed{5}$ 3

解説 x分後から2倍以上になるとすると，題意より次の不等式が成り立つ。

$$8+1.2x\geqq2(5+0.5x)$$

かっこをはずして，$8+1.2x\geqq10+x$

整理して，$0.2x\geqq2$　よって，$x\geqq10$

つまり10分後から2倍以上になる。

演習問題

[1] 1個のさいころを続けて3回投げるとき，目の和が偶数になるような場合は何通りあるか。正しいものを選べ。

1　106通り　　2　108通り　　3　110通り　　4　112通り

5　115通り

[2] A，B，C，D，E，Fの6人が2人のグループを3つ作るとき，AとBが同じグループになる確率はどれか。正しいものを選べ。

1　$\dfrac{1}{6}$　　2　$\dfrac{1}{5}$　　3　$\dfrac{1}{4}$　　4　$\dfrac{1}{3}$　　5　$\dfrac{1}{2}$

○○○解答・解説○○○

[1] 2

解説　和が偶数になるのは，3回とも偶数の場合と，偶数が1回で，残りの2回が奇数の場合である。さいころの目は，偶数と奇数はそれぞれ3個だから，

(1)　3回とも偶数：$3 \times 3 \times 3 = 27$〔通り〕

(2)　偶数が1回で，残りの2回が奇数

・偶数/奇数/奇数：$3 \times 3 \times 3 = 27$〔通り〕

・奇数/偶数/奇数：$3 \times 3 \times 3 = 27$〔通り〕

・奇数/奇数/偶数：$3 \times 3 \times 3 = 27$〔通り〕

したがって，合計すると，$27 + (27 \times 3) = 108$〔通り〕である。

[2] 2

解説　A，B，C，D，E，Fの6人が2人のグループを3つ作るときの，すべての作り方は$\dfrac{{}_6C_2 \times {}_4C_2}{3!} = 15$通り。このうち，AとBが同じグループになるグループの作り方は$\dfrac{{}_4C_2}{2!} = 3$通り。よって，求める確率は$\dfrac{3}{15} = \dfrac{1}{5}$である。

演習問題

1 次の図で，直方体 ABCD－EFGH の辺 AB，BC の中点をそれぞれ M，N とする。この直方体を3点 M，F，N を通る平面で切り，頂点 B を含むほうの立体をとりさる。AD＝DC ＝8cm，AE＝6cm のとき，△MFN の面積として正しいものはどれか。

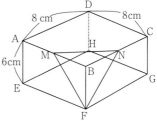

1　$3\sqrt{22}$〔cm²〕　　2　$4\sqrt{22}$〔cm²〕

3　$5\sqrt{22}$〔cm²〕　　4　$4\sqrt{26}$〔cm²〕

5　$4\sqrt{26}$〔cm²〕

2 右の図において，四角形 ABCD は円に内接しており，弧BC＝弧CD である。AB，AD の延長と点Cにおけるこの円の接線との交点をそれぞれ P，Q とする。AC＝4cm，CD＝2cm，DA＝3cm とするとき，△BPC と△ APQ の面積比として正しいものはどれか。

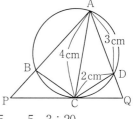

1　1：5　　2　1：6　　3　1：7　　4　2：15　　5　3：20

3 1辺の長さが15のひし形がある。その対角線の長さの差は6である。このひし形の面積として正しいものは次のどれか。

1　208　　2　210　　3　212　　4　214　　5　216

4 右の図において，円 C_1 の半径は2，円 C_2 の半径は5，2円の中心間の距離は $O_1O_2＝9$ である。2円の共通外接線 l と2円 C_1，C_2 との接点をそれぞれ A，B とするとき，線分 AB の長さとして正しいものは次のどれか。

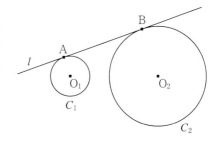

1　$3\sqrt{7}$　　2　8　　3　$6\sqrt{2}$　　4　$5\sqrt{3}$　　5　$4\sqrt{5}$

5 下の図において，点Eは，平行四辺形ABCDの辺BC上の点で，AB＝AEである。また，点Fは，線分AE上の点で，∠AFD＝90°である。∠ABE＝70°のとき，∠CDFの大きさとして正しいものはどれか。

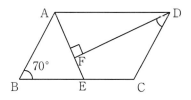

1 48° 2 49° 3 50° 4 51° 5 52°

6 底面の円の半径が4で，母線の長さが12の直円すいがある。この円すいに内接する球の半径として正しいものは次のどれか。

1 $2\sqrt{2}$

2 3

3 $2\sqrt{3}$

4 $\frac{8}{3}\sqrt{2}$

5 $\frac{8}{3}\sqrt{3}$

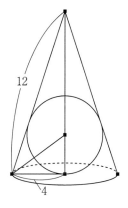

○○○解答・解説○○○

1 2

解説　△MFNはMF＝NFの二等辺三角形。MB＝$\frac{8}{2}$＝4, BF＝6より，

MF^2＝4^2＋6^2＝52

また，MN＝$4\sqrt{2}$

FからMNに垂線FTを引くと，△MFTで三平方の定理より，

FT^2＝MF^2－MT^2＝52－$\left(\frac{4\sqrt{2}}{2}\right)^2$＝52－8＝44

よって，FT＝$\sqrt{44}$＝$2\sqrt{11}$

したがって，△MFN＝$\frac{1}{2}$・$4\sqrt{2}$・$2\sqrt{11}$＝$4\sqrt{22}$〔cm²〕

[2] 3

解説 ∠PBC＝∠CDA，∠PCB＝∠BAC＝∠CADから，

△BPC∽△DCA

相似比は2：3，面積比は，4：9

また，△CQD∽△AQCで，相似比は1：2，面積比は1：4

したがって，△DCA：△AQC＝3：4

よって，△BPC：△DCA：△AQC＝4：9：12

さらに，△BPC∽△CPAで，相似比1：2，面積比1：4

よって，△BPC：△APQ＝4：（16＋12）＝4：28＝1：7

[3] 5

解説 対角線のうちの短い方の長さの半分の長さをxとすると，長い方の対角線の長さの半分は，$(x+3)$と表せるから，三平方の定理より次の式がなりたつ。

$$x^2+(x+3)^2=15^2$$

整理して，$2x^2+6x-216=0$　よって，$x^2+3x-108=0$

$(x-9)(x+12)=0$より，$x=9，-12$　xは正だから，$x=9$である。

したがって，求める面積は，$4\times\dfrac{9\times(9+3)}{2}=216$

[4] 5

解説　円の接線と半径より
$O_1A\perp l$，$O_2B\perp l$であるから，
点O_1から線分O_2Bに垂線O_1Hを
下ろすと，四角形AO_1HBは長方
形で，

　$HB=O_1A=2$だから，
$O_2H=3$
△O_1O_2Hで三平方の定理より，
　$O_1H=\sqrt{9^2-3^2}=6\sqrt{2}$
　よって，$AB=O_1H=6\sqrt{2}$

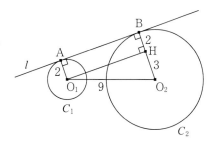

$\boxed{5}$ 3

解説 $\angle AEB = \angle ABE = 70°$ より，$\angle AEC = 180 - 70 = 110°$
また，$\angle ABE + \angle ECD = 180°$ より，$\angle ECD = 110°$
四角形FECDにおいて，四角形の内角の和は $360°$ だから，
$\angle CDF = 360° - (90° + 110° + 110°) = 50°$

$\boxed{6}$ 1

解説 円すいの頂点をA，球の中心を
O，底面の円の中心をHとする。3点A, O,
Hを含む平面でこの立体を切断すると，
断面は図のような二等辺三角形とその内
接円であり，求めるものは内接円の半径
OHである。

　△ABHで三平方の定理より，
　　$AH = \sqrt{12^2 - 4^2} = 8\sqrt{2}$

　　Oは三角形ABCの内心だから，BO
は $\angle ABH$ の2等分線である。

　よって，$AO : OH = BA : BH = 3 : 1$

　　$OH = \dfrac{1}{4} AH = 2\sqrt{2}$

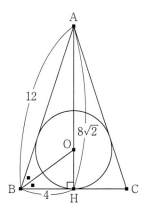

● 情報提供のお願い ●

　就職活動研究会では，就職活動に関する情報を募集していま
す。

　エントリーシートやグループディスカッション，面接，筆記
試験の内容等について情報をお寄せください。ご応募はメール
アドレス（edit@kyodo-s.jp）へお願いいたします。お送りくださ
いました方々には薄謝をさしあげます。

　ご協力よろしくお願いいたします。

会社別就活ハンドブックシリーズ

大日本印刷の
就活ハンドブック

編　者　就職活動研究会
発　行　令和 6 年 2 月 25 日
発行者　小貫輝雄
発行所　協同出版株式会社
　　　　〒 101−0054
　　　　東京都千代田区神田錦町2−5
　　　　　電話　03−3295−1341
　　　　　振替　東京00190−4−94061
印刷所　協同出版・POD 工場

落丁・乱丁はお取り替えいたします

●2025年度版●
会社別就活ハンドブックシリーズ
【全111点】

運 輸

東日本旅客鉄道の就活ハンドブック	小田急電鉄の就活ハンドブック
東海旅客鉄道の就活ハンドブック	阪急阪神 HD の就活ハンドブック
西日本旅客鉄道の就活ハンドブック	商船三井の就活ハンドブック
東京地下鉄の就活ハンドブック	日本郵船の就活ハンドブック

機 械

三菱重工業の就活ハンドブック	浜松ホトニクスの就活ハンドブック
川崎重工業の就活ハンドブック	村田製作所の就活ハンドブック
IHI の就活ハンドブック	クボタの就活ハンドブック
島津製作所の就活ハンドブック	

金 融

三菱 UFJ 銀行の就活ハンドブック	野村證券の就活ハンドブック
三菱 UFJ 信託銀行の就活ハンドブック	りそなグループの就活ハンドブック
みずほ FG の就活ハンドブック	ふくおか FG の就活ハンドブック
三井住友銀行の就活ハンドブック	日本政策投資銀行の就活ハンドブック
三井住友信託銀行の就活ハンドブック	

建設・不動産

三菱地所の就活ハンドブック	鹿島建設の就活ハンドブック
三井不動産の就活ハンドブック	大成建設の就活ハンドブック
積水ハウスの就活ハンドブック	清水建設の就活ハンドブック
大和ハウス工業の就活ハンドブック	

資源・素材

旭旭化成グループの就活ハンドブック	関西電力の就活ハンドブック
東レの就活ハンドブック	日本製鉄の就活ハンドブック
ワコールの就活ハンドブック	中部電力の就活ハンドブック

九州電力の就活ハンドブック

自動車

トヨタ自動車の就活ハンドブック

デンソーの就活ハンドブック

本田技研工業の就活ハンドブック

日産自動車の就活ハンドブック

商　社

三菱商事の就活ハンドブック

伊藤忠商事の就活ハンドブック

住友商事の就活ハンドブック

双日の就活ハンドブック

丸紅の就活ハンドブック

豊田通商の就活ハンドブック

三井物産の就活ハンドブック

情報通信・IT

NTT データの就活ハンドブック

サイバーエージェントの就活ハンドブック

NTT ドコモの就活ハンドブック

LINE ヤフーの就活ハンドブック

野村総合研究所の就活ハンドブック

SCSK の就活ハンドブック

日本電信電話の就活ハンドブック

富士ソフトの就活ハンドブック

KDDI の就活ハンドブック

日本オラクルの就活ハンドブック

ソフトバンクの就活ハンドブック

GMO インターネットグループ

楽天の就活ハンドブック

オービックの就活ハンドブック

mixi の就活ハンドブック

DTS の就活ハンドブック

グリーの就活ハンドブック

TIS の就活ハンドブック

食品・飲料

サントリー HD の就活ハンドブック

日本たばこ産業 の就活ハンドブック

味の素の就活ハンドブック

日清食品グループの就活ハンドブック

キリン HD の就活ハンドブック

山崎製パンの就活ハンドブック

アサヒグループ HD の就活ハンドブック

キユーピーの就活ハンドブック

生活用品

資生堂の就活ハンドブック

武田薬品工業の就活ハンドブック

花王の就活ハンドブック

電気機器

三菱電機の就活ハンドブック	パナソニックの就活ハンドブック
ダイキン工業の就活ハンドブック	富士通の就活ハンドブック
ソニーの就活ハンドブック	キヤノンの就活ハンドブック
日立製作所の就活ハンドブック	京セラの就活ハンドブック
ＮＥＣの就活ハンドブック	オムロンの就活ハンドブック
富士フイルム HD の就活ハンドブック	キーエンスの就活ハンドブック

保　　険

東京海上日動火災保険の就活ハンドブック	三井住友海上火災保険の就活ハンドブック
第一生命ホールディングスの就活ハンドブック	損保ジャパンの就活ハンドブック

メディア

日本印刷の就活ハンドブック	エイベックスの就活ハンドブック
博報堂 DY の就活ハンドブック	東宝の就活ハンドブック
TOPPAN ホールディングスの就活ハンドブック	

流通・小売

ニトリ HD の就活ハンドブック	ZOZO の就活ハンドブック
イオンの就活ハンドブック	

エンタメ・レジャー

オリエンタルランドの就活ハンドブック	任天堂の就活ハンドブック
アシックスの就活ハンドブック	カプコンの就活ハンドブック
バンダイナムコ HD の就活ハンドブック	セガサミー HD の就活ハンドブック
コナミグループの就活ハンドブック	タカラトミーの就活ハンドブック
スクウェア・エニックス HD の就活ハンドブック	

▼会社別就活ハンドブックシリーズにつきましては，協同出版のホームページからもご注文ができます。詳細は下記のサイトでご確認下さい。

https://kyodo-s.jp/examination_company